Annemarie Schimmel

INTRODUCCIÓN AL SUFISMO

editorial Kairós

Numancia, 117-121
08029 Barcelona
www.editorialkairos.com

Título original: SUFISMUS.
EINE EINFÜHRUNG IN DIE ISLAMISCHE MYSTIK

Revisión: Ricardo Albert
Corrección: Joaquim Martínez Piles

Fotocomposición: Grafime. Mallorca 1. 08014 Barcelona
Tipografía: Times, cuerpo 11, interlineado 12,8

Impresión y encuadernación: Índice. Fluvià, 81-87. 08019 Barcelona

Este libro ha sido impreso con papel certificado FSC, proviene de fuentes respetuosas con la sociedad y el medio ambiente y cuenta con los requisitos necesarios para ser considerado un "libro amigo de los bosques".

Primera edición: Julio 2007

I.S.B.N.: 978-84-7245-638-9
Depósito legal: B-8.540/2007

SUMARIO

PRÓLOGO

"Sufí" escribió una estudiante estadounidense en el recuadro "religión" de un cuestionario que, con fines estadísticos, debía ser completado por los asistentes a un seminario sobre fenomenología de las religiones. «¿Sufí? –le pregunté–. ¿Qué significa ser sufí?» «¡Nos dedicamos a bailar danzas sufíes y leer los poemas de Rûmî!» «¿Acaso habla persa?» «No, ¿para qué? ¡Si Rûmî está traducido al inglés!»

Es cierto que la traducción filológicamente exacta del gran poema didáctico de Jalâl ad-Dîn ar-Rûmî, el *Mathnawî,* transmite su contenido en forma correcta e inobjetable. Sin embargo, apenas permite adivinar la hermosura de su poesía. Por otra parte, las interpretaciones muy libres basadas sobre traducciones inglesas en prosa muchas veces tuercen el sentido, pasando por alto los maravillosos juegos de palabras y de ideas. Suspiré. «¿También estudian el Corán?» le pregunté a la muchacha sufí. Me miró perpleja: «¿Por qué? ¡Nosotros somos sufíes, no – ¿cómo se dice? – mahometanos…!» Disentí con la cabeza. «¡Pero si un sufí es un místico musulmán!» exclamé. «No, nosotros amamos todas las religiones. ¡Lo único importante es el amor…!» manifestó exultante. Hice un último intento: «¿Qué sabe del profeta Muḥammad?» Tal como yo temía, la chica no sabía nada acerca de él, siendo que para todo genuino sufí Muḥammad es el referente de su cadena de iniciación, el primer sufí verdadero. Tuve que darme por vencida, pues.

¿Pero qué cabe esperar, si un escritor muy leído sostiene audazmente que Goethe, san Francisco, Napoleón y muchos otros han sido sufíes? ¿Cómo se puede pretender entonces que el público en general tenga un conocimiento más acabado de la historia y la esencia del sufismo? De hecho las preguntas sobre qué es en verdad el sufismo y qué caracteriza a un sufí son difíciles de contestar en forma correcta y universalmente válida.

INTRODUCCIÓN

El sufismo es, según una de las explicaciones posibles, la dimensión interna del islam; no obstante tiene, al igual que todas las corrientes místicas de las religiones universales, innumerables facetas. Al intentar describirlo, uno se encuentra ya sea frente a un florido jardín con perfumadas rosas y plañideros ruiseñores, que se transforman en símbolos de la belleza divina y el anhelo del alma, o bien frente a un páramo de tratados teóricos redactados en un árabe muy complejo, prácticamente incomprensibles para el no iniciado; también aparecen, como resplandor lejano, las heladas cumbres de la más alta sabiduría teosófica, alcanzables sólo por unos pocos. El explorador se perderá en un colorido mercado de ritos y costumbres populares, poblado por extrañas figuras cuyos movimientos y palabras con frecuencia están bajo el influjo de drogas; también puede encontrar al sufí que practica la "oración del corazón" en el silencio de una ermita solitaria. En otra oportunidad el sufí se presentará como exitoso hombre de negocios, cuya fuerza para el trabajo proviene de meditaciones nocturnas que lo transportan a otro plano...

¿Cómo describir adecuadamente un fenómeno tan polifacético?

Y hay algo que complica más aún el cuadro: cuando los orientalistas europeos comenzaron a ocuparse por primera vez del sufismo alrededor del año 1800, describiendo ante todo a los "sufíes" más llamativos – los derviches giróvagos, aulladores y danzantes –, les pareció que el sufismo tenía poco que ver con el islam. Incluso es posible que uno de los puntos de atracción que hace tan fascinante este fenómeno para el lector u observador occidental sea su aparente distancia del islam jurídico. El hecho de que, a lo largo de los siglos, algunos sufíes destacados hayan sido ejecutados, reafirmó a los observadores en su idea de una dicotomía entre el islam "oficial", atado a la *Sharî'a*, y el sufismo, sin tener en cuenta que el auténtico sufismo brotó de raíces islámicas.

«Un sufí es un buen musulmán» escribe William C. Chittick y con ello retoma la antigua concepción de que el "sufismo es sinónimo de buenas costumbres, de un comportamiento absolutamente correcto". Sin embargo: «El sufí es alguien que *no* es» reza otra antigua definición que solía serles muy cara a los sufíes, porque transmite una idea acertada de la meta del místico, que también puede ser descrita con la bella expresión del Maestro Eckhart, del *"anonadamiento"*. *Anonadarse* en el indescriptible ser divino, como la gota en el océano, eso era lo que muchos de los sufíes esperaban lograr; sin embargo sabían que el camino es largo y muy difícil: sólo pocos pueden tener esperanzas de llegar a la meta, la cual ha sido descrita a lo largo del tiempo con símbolos y metáforas cambiantes.

Entre los sufíes existen grandes maestros solitarios que buscan transitar el duro camino de permanente sacrificio; existen maestros dotados con la capacidad de atraer a otros seres humanos e iniciarlos en los secretos de la fe y del amor; existen almas simples, no cultivadas, que no saben leer ni escribir, cuya irradiación es tan fuerte, que pueden transmitirle el secreto de la gracia a quien está en la búsqueda, sin necesidad de palabras, a través de su simple presencia y su forma de ser. Existieron pensadores con formación filosófico-teosófica que construyeron enormes sistemas que luego fueron simplificados por generaciones posteriores, con lo cual muchas veces perdieron profundidad. También hubo bardos embriagados por su idea de Dios, cuyos cánticos resonaron a lo largo de los siglos, ya sea en el Norte de África o en la India, en Anatolia o Irán. No obstante, todos ellos tienen algo en común: la búsqueda del principio más elevado, ya sea que se lo denomine – con palabras de Jacob Böhme – como "sin fondo" de la deidad o como el amado divino, ya sea que uno se aproxime a la belleza inimaginable en actitud de amor exaltado o intentando atravesar plano por plano las manifestaciones de Dios, para así ir quitando los "velos de la ignorancia". El camino es necesario, y es largo y arduo, aun cuando la gracia divina en ciertos casos atraiga tanto a un discípulo, que lo conduce a la perfección en una repentina vivencia extática. En esos casos el shock de la iluminación suele provocar que la razón quede obnubilada, ensombrecida o, como sería más correcto decir, "esclarecida".

El objetivo final de los sufíes no es el conocimiento intelectual, sino la experiencia existencial; y si ellos, que siempre se esforzaron por tener presente que los libros no tienen la menor utilidad para experimentar el misterio último, también escribieron un sinnúmero de libros, que en muchos casos no resultaron más apasionantes que los pusilánimes tratados de derecho o también de teología por ellos despreciados, de todos modos sabían que lo importante no era leer las letras negras, sino "los espacios blancos entre líneas", o sea captar el sentido interno de las palabras, tal como era transmitido de generación en generación. Esa actitud hace que para el investigador científico del sufismo sea difícil hacer afirmaciones correctas, ya que los hechos "históricos" conocidos por el estudioso a menudo no tienen importancia en la tradición: lo relevante es el mensaje del sufismo.

1. DESPLIEGUE HISTÓRICO DEL SUFISMO

Al igual que para todos los musulmanes, para los sufíes la palabra divina revelada en el Corán es el centro y el fundamento de su vida.

El Corán, revelado al profeta Muḥammad entre los años 610 y 632, primero en La Meca, luego en Medina, y redactado en su forma actual por el tercer califa 'Uthmân (644-656), es para los musulmanes la revelación de la palabra divina increada, existente desde la eternidad hasta la eternidad y enviada a la Tierra en tiempos de Muḥammad en claro lenguaje árabe, para completar los libros sagrados precedentes –Torá, Salmos y Evangelio– y corregir sus errores o malas interpretaciones. Partes de las 114 suras (capítulos) del Corán las cuales, a excepción de la primera sura, la *Fâtiḥa* (La Apertura), están clasificadas de mayor a menor, son recitadas en las cinco oraciones diarias en su versión árabe original. La *Fâtiḥa* es más utilizada por los musulmanes que el Padrenuestro por los cristianos; *Fâtiḥa* se convierte prácticamente en denominación de cualquier acto religioso.

Muḥammad, nacido alrededor del año 570 en la antigua ciudad mercantil de La Meca, durante sus meditaciones en la cueva del monte Ḥirâ', cerca de La Meca, tuvo una revelación que lo convocaba a "recitar". La voz de la revelación –que fue identificada como la de Gabriel, el portador de los mensajes divinos a todos los profetas– le ordenó «*¡Iqra'!*, "¡Recita" –o "lee"– en el nombre de tu Señor...!» (comienzo de la sura 96). Khadîja, viuda de un comerciante, se había casado en segundas nupcias con su confiable asistente Muḥammad, considerablemente menor que ella, dándole una serie de hijos. Fue ella quien le ayudó a superar la primera conmoción que le causó esta vivencia inesperada: ella reafirmó su fe en la autenticidad y el origen divino de las revelaciones y también le brindaba su apoyo cuando transcurría un tiempo sin revelaciones; luego éstas volvían a producirse, hablando de los deberes del amor al prójimo, de dar limosnas y de creer en un solo y único Dios, creador, conservador y señor del día del juicio –aquel día del juicio en el cual debía estar tan concentrada la devoción. Khadîja murió en el año 619; tres años más tarde Muḥammad se trasladó con sus fieles al norte, a Yathrib (que pronto fue llamada *madînat an-nabî*, "ciudad del profeta", Medina). Allí asumió funciones tanto religiosas como políticas. En el transcurso de los años siguientes consolidó su poder, hasta regresar triunfalmente a su ciudad natal en el año 630. Dos años más tarde murió en Medina.

El Corán es la médula del islam; es la "palabra de Dios hecha libro". Su lenguaje es, para todos los creyentes, de pasmosa belleza y por ende intraducible: cada traducción no es capaz de brindar más que una aproximación al contenido del libro sagrado, y al orar, sus versos (*âyât,* "signos") deben ser recitados en árabe. Para el sufí, cada verso, cada palabra del Corán, tiene un significado más que profundo. La historia de la exégesis coránica en las diversas corrientes islámicas y ante todo en el sufismo refleja, en el fondo, todas las posibles actitudes religiosas de los musulmanes. El conocimiento y la recitación ritual de la palabra de Dios son, pues, un aspecto esencial del sufismo. Los más grandes maestros siempre han vuelto a sacar asombrosas conclusiones de las palabras sagradas o bien han concebido sus obras a partir de la meditación del Corán. El padre P. Nwyia habló de una «coranización de la memoria» en los comienzos del sufismo; pues a través de la permanente meditación profunda del Corán, el sufí en cierta manera pasaba a ver todo en el mundo a través del Corán. Siendo ya el Corán en su totalidad el centro para una vida religiosa, los sufíes también encontraron, en ciertos versos aislados, mensajes especiales que se tornaron fundamentales para su actitud y su vida –por ejemplo, la exhortación a recordar frecuentemente a Dios (sura 33, 41), ya que «por la remembranza de Dios se tranquilizan los corazones» (sura 13, 28); ellos sabían que todo en el mundo es una señal que Dios «ha plantado en los horizontes y en las almas» (sura 41, 53) y cuya contemplación conduce a Dios, el creador; aprendieron que en el comienzo del mundo Dios sacó a los futuros seres humanos del flanco de Adán, el primer creado, comprometiéndoles a la obediencia mediante Sus palabras: «¿No soy Yo vuestro Señor?» (sura 7, 172). Y también aprendieron que Él, a quien no alcanzan las miradas (sura 6, 103), a la vez está más próximo al ser humano que su propia carótida (sura 50, 16) y que le pertenecen los más bellos nombres (sura 59, 24) y también que todo ha sido creado para servirle y adorarle a Él (sura 51, 56).

Según el Corán, Muḥammad era *ummî*: no sabía leer ni escribir (sura 7, 157); por ende era el receptáculo puro para la palabra de Dios. En el sufismo él goza de una posición particularmente elevada y es considerado como la verdadera meta de la creación. El Corán enseña que él concluye la serie de los profetas que han vivido y predicado antes que él: Muḥammad es el "sello de los profetas" (sura 33, 40) y Dios y los ángeles pronuncian su bendición sobre él (sura 33, 56). Por consiguiente, dichas bendiciones, las *ṣalawât-i sharîfa* o, en la India, *durûd,* se convirtieron en parte importante de la educación. En muchas hermandades sufíes esa fórmula u otra bendición para el profeta es parte inalienable de la vida, que será repetida por el devoto diariamente con mayor o menor asiduidad, según lo recomendado. Innumerables manuales para la educación religiosa contienen las más bellas fórmulas para la veneración del profeta: para adquirir una viva noción de ello no hay más que asistir, frente a la tumba del gran sufí al-Juzûlî (fallecido en 1495), en Marrakech, a la recitación de los *Dalâ'il al-khairât*, una colección de invocaciones del profeta y bendiciones que son el centro de los ejercicios religiosos de los sufíes del lugar.

En torno a Muḥammad, quien jamás afirmó poder realizar milagros, ya que su milagro testimonial fue el Corán, muy pronto se tejieron historias de milagros; los animales y las plantas lo reconocen como profeta y todo lo que es bello según la creencia islámica se relaciona de uno u otro modo con él:

> *¡Tú mismo eres bello, tu nombre es bello,*
> *Muḥammad!*

canta el poeta popular turco Yûnus Emre (fallecido alrededor de 1321). El poder de bendición del profeta se manifiesta en el hecho de que el nombre Muḥammad en sus diferentes pronunciaciones (Mehmet, Muh, Mihammad y otros) en realidad le debería ser dado a todos los varones musulmanes, al igual que sus demás nombres: Aḥmad, Muṣṭafà e incluso los nombres de las suras del Corán *Ṭāhā* (sura 20) y *Yâsîn* (sura 36). Su belleza se manifiesta en todas las cosas: ¿acaso la fragante rosa no ha surgido de sus gotas de sudor, que cayeron sobre la Tierra durante su viaje celestial?

El viaje celestial, *mi'râj*, del profeta –derivado de la sura 17, 1– se convierte para el sufí en ejemplo para su propio viaje a la cercanía inmediata de Dios. Las literaturas islámicas, ante todo la poesía sufí persa y turca, contienen las más coloridas descripciones de esta maravillosa vivencia, en la cual el sufí ve el modelo para su camino hacia el cielo.

Por otro lado las expresiones del profeta y los relatos acerca de sus obras y actos, *ḥadîth*, se convirtieron en hilo conductor para el comportamiento en la práctica de los musulmanes. Los sufíes no les iban en zaga a sus colegas ortodoxos en el seguimiento del profeta, incluso en los más pequeños detalles del ritual:

El sufí Ibn-i Khafîf de Shîrâz (fallecido en 982 a los cien años de edad), inspirado en un *ḥadîth*, intentaba realizar la oración obligatoria de puntillas, «y eso es muy difícil», según acota candorosamente. Sin embargo, el profeta se le apareció en sueños y le dijo que esa exigencia sólo era válida para él mismo, que el sufí no necesitaba atormentarse con ello...

A la par de las recopilaciones de relatos sobre el profeta, también existe el llamado *ḥadîth qudsî*, una palabra de Dios extracoránica. Muchas de esas palabras alaban al profeta, como por ejemplo el *ḥadîth de laulâka*: «Si tú no existieras, Yo no habría creado los cielos», habría dicho Dios. Del mismo modo en épocas posteriores, aproximadamente a partir del siglo XII, tuvo gran difusión entre los sufíes en la parte oriental del mundo islámico la palabra atribuida a Dios *ana Aḥmad bilâ mîm* (Yo soy Aḥmad [= Muḥammad] sin la *m*), o sea *Aḥad* (Uno). Pues con el correr del tiempo, Muḥammad se convirtió en el *insân kâmil*, el ser humano perfecto; lo primero que Dios creó fue su luz, y Su profeta de alguna manera es el punto de unión entre el Dios eterno y lo creado. Por elevada que pueda ser, empero, la posición de Muḥammad en el misticismo, con todo el islam se opone tenazmente a la idea de una encarnación. El rango más alto que puede ser alcanzado por el ser humano es el de "siervo de Dios"; pues en sus dos vivencias más elevadas el profeta es llamado *'abduhu*, "Su servidor" en el Corán, al comienzo de la sura 17, 1: «Alabado sea Aquel que viajó de noche con Su servidor...» y la sura 53, 10: «Él le reveló a Su servidor lo que reveló.»

De ese modo también queda delineada la situación del ser humano quien, al igual que el profeta, ha de ser un perfecto servidor de Dios. En esto radican los fundamentos del sufismo: en el reconocimiento del poder absoluto del Dios sólo reconocible a través de Sus señales, en plena confianza en la revelación del Corán y en la veneración del profeta Muḥammad.

¿Pero cómo y por qué pudieron surgir tales movimientos en el islam? Después de la muerte de Muḥammad en 632 y en vida de sus primeros sucesores, el reino islámico se expandió con notable velocidad; se conquistaron la Media Luna Fértil, Irán y el Norte de África, y en el año 711 las tropas musulmanas cruzaron el estrecho de Gibraltar (*jabal Ṭâriq*, "monte de Ṭâriq", que lleva el nombre del joven comandante del ejército árabe, Ṭâriq). En el mismo año llegaron a Sind, actualmente una provincia al sur de Pakistán, y cruzaron el río Oxus o Amu Daria, en dirección al Asia Central. Todos estos territorios marginales habrían de convertirse en importantes centros de la cultura islámica.

Precisamente en aquella época surgieron pequeños grupos de devotos –una especie de protosufíes– ante todo en Irak, donde el gran predicador Ḥasan al-Baṣrî (fallecido en 728) preconizó y practicó la devoción ascética, que debía contrarrestar la creciente profanidad. Los ascetas que le seguían rechazaban todo lo mundano y se concentraban en la lectura y meditación del Corán; realizaban meditaciones y oraciones nocturnas (a pesar de que los rezos nocturnos se mencionan en el Corán, no fueron incluidos en el conjunto de las cinco oraciones diarias, pero eran y son considerados por los devotos como especialmente meritorios). Se meditaba sobre las amenazas de juicio del Corán y se lloraban los propios pecados, en permanente temor frente al día del juicio, en el cual habría que rendir cuentas hasta del más mínimo acto. Toda la vida giraba en torno al temor a Dios. Los primeros ascetas también tuvieron contacto con eremitas cristianos en Irak y Siria. Se produjo cierto intercambio entre ambos grupos convencidos por igual de la fugacidad y futilidad de todos los placeres terrenales y deseosos sólo de buscar a Dios.

En este contexto resulta interesante el papel desempeñado por Jesús en el ascetismo inicial. Nacido de la Virgen María (sura 19), reverenciado en el Corán como el último profeta antes de Muḥammad y en cierta manera como su precursor, se convierte en modelo del amor a Dios y de la clemencia. En el sufismo sigue ocupando su lugar como gran "médico de los corazones".

La religiosidad bastante lúgubre de los ascetas adquirió un tono diferente gracias a una mujer – por lo menos es lo que afirma la tradición: Râbi'a de Basora (fallecida en 801), famosa como asceta que le dio la espalda al mundo, expresó su amor a Dios en pequeños versos sencillos. La historia más conocida es aquélla según la cual ella recorría las calles de Basora con una antorcha en una mano y un balde de agua en la otra; cuando se le preguntó acerca del sentido de su acción, contestó: «quiero derramar agua en el infierno y prenderle fuego al paraíso, para que desaparezcan ambos velos y ya nadie alabe a Dios por miedo al infierno o esperanza de ir al paraíso, sino tan sólo por Su eterna belleza». Esta historia más tarde fue llevada a Europa por el canciller de Luis el Santo y vuelve a aparecer en los escritos del quietista francés Camus (1644). También resuena en algunos cuentos europeos modernos, como por ejemplo "Die schönen Hände" ["Las manos hermosas"], de Max Mell.

Ese amor a Dios predicado por Râbi'a es lo que en las décadas y siglos siguientes habría de convertirse en el centro del sufismo.

Acerca del concepto "sufismo"

El concepto "sufismo" deriva de *ṣûf*, "lana", y hace referencia a la túnica de lana de los ascetas, si bien se ha intentado asociarlo con la palabra griega *sophos*, "sabiduría" o la palabra árabe *ṣafâ'*, "pureza"; algunos de los primeros exegetas también supusieron que los sufíes en cierto modo eran los sucesores de los *ahl aṣ-ṣuffa*, la "gente del vestíbulo", que vivía devota y humildemente en el patio del profeta. Los musulmanes ajenos u opuestos al misticismo probablemente argumenten que sufismo, *taṣawwuf*, no puede ser un término islámico, ya que la palabra o su raíz no aparecen en el Corán; afirmarán que es un condenable intento del ser humano de acercarse a Dios y que éste ha dado lugar a costumbres que nada tienen que ver con el auténtico y estricto islam. Esta opinión está difundida ante todo en Arabia Saudita, pero también en grupos "islámicos" entre el Norte de África y Pakistán.

Jamás se podrá comprobar cuáles fueron exactamente las influencias que moldearon los comienzos del sufismo en los siglos VIII y IX. Seguramente no fueron sólo los contactos con los eremitas cristianos los que tuvieron cierto influjo sobre los ideales de los ascetas; un poco más tarde también tuvieron relevancia ciertas influencias budistas (por ejemplo transferencia de la leyenda de Buda a Ibrâhîm ibn Ad'ham). La filosofía y las prácticas hinduistas recién se sumaron más tarde. En definitiva, en todo Oriente existían, desde épocas helénicas, corrientes místicas, gnósticas y herméticas que seguramente también pueden haber influenciado a algunos sufíes en los inicios. Sin embargo es difícil rastrear exactamente dichas influencias, ya que de algún modo flotaban en el aire. En los siglos siguientes esas influencias toman cuerpo, cuando el pensamiento filosófico griego se difundió gracias a las traducciones árabes de las obras griegas, ante todo de la llamada *Teología de Aristóteles*, una obra neoplatónica. Por ello el sistema del gran teósofo Ibn 'Arabî se denominó una "forma islamizada de neoplatonismo", de manera semejante a como indólogos e hinduistas consideran que este sistema y muchas otras manifestaciones de los sufíes son una forma islamizada de la especulación vedántica de la India.

Prácticas sufíes

Los pequeños grupos elitistas de los comienzos del sufismo lentamente fueron desarrollando sus propias prácticas. Se dedicaban con extraordinaria intensidad a la oración ritual. Al igual que en casi todos los movimientos ascéticos, tenían enorme relevancia los largos períodos de ayuno. Es posible que la notable longevidad de los sufíes quizás provenga de su austeridad en este campo. "Comer poco, dormir poco, hablar poco", ésas eran las reglas fundamentales de los sufíes. La exploración del alma y la escrupulosidad eran practicadas mucho más a fondo por ellos que por los musulmanes comunes; no sólo se abstenían, como debería hacerlo cualquier musulmán, de aquello que está ritualmente prohibido (alcohol, carne de cerdo, etc.), sino también de aquello que resultaba dudoso. ¿Acaso se podía estar seguro de que un trozo de carne no proviniera de un cordero que había pastado ilícitamente en una pradera ajena? ¿Se podía usar una vestimenta de la cual no había seguridad de que no hubiera sido confeccionada a la luz de la lámpara de un vecino? ¿Se podía comer una cáscara seca de melón, si no se la había recibido expresamente como un regalo? Los sufíes del siglo IX se sobrepujaban en su "meticulosa escrupulosidad", *wara'*, en sus intentos de actuar lo más correctamente posible. Se dice que el gran psicólogo al-Muḥâsibî (fallecido en 857) tenía un nervio en su dedo que se contraía apenas intentaba hacer algo que no fuera totalmente correcto.

La observación del "alma", *nafs*, era parte importante de la educación, pues la *nafs* es mencionada en el Corán en la sura 12, 59 como *ammâra*, "incitante al mal"; en la sura 75, 2 el Corán habla de *nafs lawwâma*, el "alma censuradora", que equivaldría a la "conciencia", y en la sura 89, 27-28 dice que la *nafs muṭma'inna*, "el alma en paz", retornará a su Señor. A pesar de que estas tres partes del Corán no están realmente conectadas entre sí y que la palabra *nafs* vuelve a aparecer muchas veces más en el Corán, la lucha contra el alma peligrosa fue declarada como la "Guerra Santa mayor" y su lenta transformación en el "alma en paz" se convirtió en una meta de los sufíes. Se requerían métodos duros para convertir a la *nafs*, el indómito corcel como el que frecuentemente se la simboliza, en un dócil caballo que se apura en llevar a su dueño a las inmediaciones del amado Señor. La psicología sufí exige educación con la meta del ennoblecimiento. ¿Acaso el ladrón que deja de serlo no se convierte en el mejor policía, ya que conoce todos los trucos de sus ex secuaces?

También se suele usar otra imagen: el corazón debe ser pulido como un espejo de metal, para que no refleje más que el resplandor de Dios.

El mejor método para ese "pulido" era el *dhikr*, la rememembranza de Dios. El Corán advierte «¡Rememorad mucho a Dios!» (sura 33, 41) y promete: «Verdaderamente, por la remembranza de Dios, los corazones se aquietan» (sura 13, 28). A partir de esas indicaciones los primeros sufíes desarrollaron su técnica de rememoración de Dios; el discípulo debe repetir miles de veces la palabra *Allâh*, el sagrado y omnímodo nombre de Dios, hasta que todo su ser está tan compenetrado por ese nombre, que hasta las gotas de sangre que caen de sus venas escriben la palabra *Allâh* sobre la tierra. A la par de este *dhikr* del nombre Allâh, que siempre conservó su importancia central, está la constante repetición de la profesión de fe, o bien de su primera mitad, *lâ ilâha illâ Allâh*, «No existen otras deidades más que Dios, Allâh». Si esto se recita en voz alta y en grupo, al final todo se concentra en la última *h* de la palabra *Allâh*, que se va extinguiendo suavemente como una exhalación, como un último hálito; pues la *h* es la letra de la *huwiyya*, de la ipseidad divina. Por ello más adelante un maestro sufí de la India alguna vez denominó al *dhikr* como «viaje a través del nombre de Allâh», hasta que el alma arribada a la paz descansa en la redondez de la *h* de *Allâh*, rodeada por la luz divina.

Lo importante es que el *dhikr* siempre está asociado a un control de la respiración, tal como ocurre en toda meditación de ese tipo; por ejemplo en la oración a Jesús de la Iglesia de Oriente, el *Namu Amida Butsu* del budismo o el *Râm Râm* del hinduismo.

Para lograr controlar la cantidad de repeticiones del nombre de Dios o de las fórmulas, primero se usaron piedrecitas; pero pronto se adoptó el rosario proveniente de la India, que luego llegó a Occidente a través del mundo islámico. El sartal islámico tiene 99 cuentas, equivalentes a los 99 «nombres más bellos de Dios», de los cuales habla el Corán (sura 59, 24), lógicamente sin mencionar una cantidad. Los mismos comienzan con el nombre *ar-raḥmân ar-raḥîm*, "el misericordioso, el compasivo", con aquellos dos nombres de la gracia con los cuales comienza cada sura del Corán (a excepción de la sura 9) y que también deben recitarse al comienzo de cada acto.

El *dhikr* puede decirse en voz alta o en silencio. Es una oración del corazón que va compenetrando los diferentes centros de energía en el cuerpo hasta colmar a todo el individuo.

En tiempos posteriores los sufíes desarrollaron métodos para usar nombres muy específicos de Dios en el *dhikr*. Entonces era tarea del maestro encontrar los nombres apropiados para el discípulo y prescribirle cuántas veces debía repetirlo. Al respecto muchas veces se crea una equivalencia entre el valor numérico del nombre de Dios (pues cada letra del alfabeto árabe tiene un valor numérico) y la cantidad de repeticiones del nombre indicadas. La utilización de un nombre equivocado, no apropiado al estadio espiritual y anímico del discípulo, puede provocar graves daños psíquicos e incluso físicos. En ello radica una de las responsabilidades del maestro.

La iniciación por parte del maestro

Seguramente al comienzo del sufismo puede haber habido algunas personalidades que por su actividad o su carisma han sido consideradas como modelos por sus congéneres, los cuales se convirtieron en sus seguidores para participar de la bendición de su actuar. Los grandes sufíes de los primeros tiempos no fueron líderes consumados, sino artesanos o eruditos que, a la par de su trabajo cotidiano, se dedicaban al ascetismo o a la purificación de su alma, y su ejemplo entonces comenzó a atraer a otros aspirantes. De ninguna manera se trataba de una especie de sacerdocio, pues el islam rechaza todo papel intermediario entre Dios y el ser humano. Por ello la creciente influencia de los shuyûkh sufíes sobre sus seguidores con el tiempo se fue convirtiendo en una de las causas principales para el rechazo del sufismo por parte de muchos musulmanes fieles a la Sunna.

No era fácil convertirse en un *murîd* ("aquel que busca algo, o sea la iniciación"). Muchas veces el aspirante debía cumplir una larga espera antes de ser aceptado. O bien el maestro le imponía tareas tan difíciles que resultaba casi imposible cumplirlas, para poner a prueba su capacidad de transitar el camino. Una vez que era aceptado, debía obedecer al maestro en todo, «ser como el muerto en manos del lavador de cadáveres», como ya se decía en el siglo IX (es el "*perinde ac cadaver*" [obediencia de cadáver] de san Ignacio de Loyola).

La iniciación se realizaba por apretón de manos; por medio de este estrechamiento de manos el aspirante era incluido en la cadena que, pasando por los grandes sufíes, llevaba hasta el profeta –el último eslabón previo al profeta en la mayoría de los casos es 'Alî ibn Abî Ṭâlib, el primo y yerno de Muḥammad y primer imán del islam chiíta; sólo en algunos senderos sufíes, como por ejemplo la Naqshbandiyya, ese lugar es ocupado por Abû Bakr, el primer sucesor (califa) de Muḥammad (quien gobernó en los años 632-634). El novicio debe conocer su cadena de iniciación para poder incorporarse verdaderamente a la tradición. Él ha sido vestido con la túnica hecha con remiendos y la gorra (ver página 80). A la par de la iniciación oficial por parte del maestro, también se conoce la iniciación espiritual, la cadena Uwaisí, que lleva el nombre de un coetáneo del profeta, el pastor Uwais al-Qaranî en Yemen (ver página 80).

Al comienzo, el número de discípulos de un shaikh era reducido, pero éstos se sentían estrechamente ligados entre sí. Aún hoy, que existen órdenes sufíes grandes y extensamente ramificadas, muchas veces se encuentra una relación estrecha entre los discípulos de un mismo maestro. En el ámbito hindú se habla entonces del *pîr-bhâî*, "hermano a través del maestro". También las mujeres podían y pueden ser iniciadas.

El maestro supervisa el crecimiento espiritual de su discípulo y a veces le impone un retiro de cuarenta días, una costumbre que ha ido surgiendo con el correr del tiempo. Ese retiro (en árabe *arba'ûn*, en persa *chilla*) se relaciona con el ayuno de cuarenta días de Moisés (sura 7, 142). El aspirante es colocado en un ambiente estrecho y oscuro; en el ámbito indo-pakistaní se encuentran cuevas en las que apenas cabe un hombre de pie, celdas solitarias o árboles huecos en los que debe permanecer el aspirante durante cuarenta días con un mínimo de alimentos, orando y meditando permanentemente. La obligación del maestro consiste en informarse diariamente sobre el estado del discípulo que está en esa situación recluida, evaluar sus avances en la purificación de su alma a partir de sus visiones, sus sueños y su actitud general, y ayudarle a progresar mediante instrucciones religiosas, oraciones y otras indicaciones. Si siente que el discípulo no puede soportar la soledad, debe hacerle regresar con sus congéneres, para que no sufra un daño anímico. En tiempos posteriores, por ejemplo en la India a partir del siglo XIII, existió la llamada *chilla ma'kûsa*, que exigía que el aspirante se colgara de los pies en un pozo o un aljibe en desuso, transcurriendo de ese modo el tiempo de meditación; sin embargo, ésos son casos extremos. Las experiencias durante la clausura han inspirado una de las más magníficas obras de poesía mística persa, el *Muṣîbatnâma* (El libro de la tribulación) de 'Aṭṭâr (fallecido en 1221), en el cual el aspirante finalmente encuentra al ansiado Dios en el océano de su propia alma.

Forma parte de las obligaciones del maestro enseñarle a su discípulo el correcto comportamiento en todas las situaciones. Numerosas indicaciones y definiciones que se conservan de los primeros tiempos del sufismo sirven a este fin y permiten obtener alguna pauta con respecto al método de enseñanza de los maestros. Pronto se redactaron obras árabes que exponían detalladamente los ideales y las reglas del sufismo, al igual que las definiciones de los distintos pasos en el camino. *Kitâb al-luma' fî 't-taṣawwuf* de as-Sarrâj, escrito en el último cuarto del siglo X, es un ejemplo particularmente destacado de ese tipo de literatura, a la que le siguió, un siglo más tarde, la primera descripción persa del sufismo por parte de Hujwîrî (fallecido alrededor de 1072), enterrado en Lahore. Otras obras contienen biografías de los primeros sufíes, cuyas vidas debían servir de modelo para generaciones posteriores.

En tiempos más recientes, ante todo en el subcontinente indio, se desarrollaron los llamados *malfûẓât*, registros de los diálogos de los maestros con sus discípulos y sus visitantes, que a menudo brindan una vívida imagen de la rutina cotidiana de un atareado líder espiritual. Las autobiografías de grandes maestros a su vez empiezan a aparecer más adelante aún: las mismas transmiten una interesante noción del actuar y deambular, y particularmente también del mundo onírico de los maestros; pues los sueños muchas veces les sirven como indicadores en su camino. Las descripciones de las propias vivencias o visiones extáticas también abundan en el mundo islámico, tornándose cada vez más grandilocuentes con el paso del tiempo.

Desde un comienzo tuvieron gran importancia las cartas, a través de las cuales el maestro intentaba guiar las almas, frecuentemente en un lenguaje codificado, sólo comprensible para el iniciado. Cuanto más extensa era el área de influencia de un maestro, tanto más importante resultaba mantener el contacto con sus discípulos o sus representantes en los lugares alejados. Obras como las *Cien cartas* del sufí hindú Sharaf ad-Dîn Manêrî (fallecido en 1380), que estaban entre las lecturas favoritas de los soberanos indo-musulmanes, o las cartas políticamente explosivas del reformador naqshbandí en la India, Aḥmad Sirhindî (fallecido en 1624) por un lado, o las cartas del maestro hispano-marroquí Ibn ʻAbbâd de Ronda (fallecido en 1390) por el otro, merecerían un exhaustivo análisis de su contenido y estilo.

Las etapas del sendero sufí

En todas estas obras, el maestro intentaba conducir al discípulo a través de las diferentes etapas en el camino. Aunque, al igual que en casi todas las tradiciones místicas, el número clásico de etapas indicadas es el de siete, en el sufismo las etapas no están tan claramente delimitadas y su cantidad varía de un maestro a otro.

La primera etapa siempre es el arrepentimiento, la ruptura con la forma de vida acostumbrada y la plena concentración en el nuevo camino. En lo sucesivo todo debe hacerse con una absoluta pureza de intenciones. No se debe entremezclar ni el menor vestigio de pensamientos egoístas, así como el *murîd* jamás debe dejar decaer su atención; *ghafla*, "negligencia", es como un sueño peligroso, en el cual el aspirante pierde su objetivo.

En el sendero se diferencian estaciones (*maqâm*, plural *maqâmât*), que son actitudes de mayor duración, y estados (*ḥâl*, plural *aḥwâl*), que son fugaces instantes de una experiencia anímica regalada por Dios, imposible de retener.

Una de las estaciones más importantes es la de la pobreza, ya sea terrena o espiritual, ya que el profeta dijo: *faqrî fakhrî*, «mi pobreza es mi orgullo». En este contexto, pobreza no sólo significa falta de posesiones, aunque si nos atenemos a las obras hagiográficas, muchos de los grandes sufíes de los primeros tiempos eran tan pobres que casi no tenían posesiones para sí mismos o sus familias, pues no querían conservar dinero durante la noche. No obstante, pobreza también puede ser la actitud de aquel que en *un* instante es capaz de desprenderse de todas sus riquezas sin lamentarlo, o sea que no siente apego a los bienes materiales. Pues sabe que «Dios es quien tiene riqueza absoluta, y vosotros sois los pobres» (sura 47, 38). Por ello *faqîr*, "el pobre", y su equivalente persa, *darwîsh* (derviche), es una denominación para los sufíes que, sin embargo, es usada más en un sentido popular y no para los grandes poetas y pensadores.

La absoluta confianza en Dios, *tawakkul*, es otra etapa, que fue practicada hasta el exceso por algunos sufíes de la época inicial; les parecía una señal de falta de fe no confiar plenamente en Dios, siendo que Él lleva el nombre *ar-Razzâq*, "El Alimentador", y por ello sin duda proveerá todo alimento. Es cierto que más adelante la confianza en Dios es interpretada más como actitud anímica; pues un cumplimiento consecuente del ideal de no preocuparse por nada no sería realizable en el mundo real. Por ende *tawakkul* ahora pasa a ser la confianza inquebrantable en que Dios siempre sabe qué es lo mejor para el ser humano, y esa actitud (que también se define como "pensar bien de Dios") ha moldeado profundamente la vida de las personas influenciadas por el sufismo.

Paciencia y gratitud son otras dos estaciones en el sendero. Se solía discutir quién era el más elevado: si el pobre y paciente o el rico y agradecido.

Especialmente importante son los dos conceptos temor y esperanza, conocidos como "las dos alas con las cuales se vuela al paraíso". El temor siempre está presente, pues el miedo al juicio de Dios fue lo que motivó a la mayoría de los devotos. Aun en las últimas estaciones del camino, el sufí todavía siente el temor de estar separado de su "amante divino", «en comparación con el cual el temor al fuego del infierno no es nada». El temor es necesario, por lo menos hasta cierto grado, para que el ser humano no sea irresponsable. Por ello algunos de los primeros sufíes miraban con desaprobación a uno de ellos, el persa Yaḥyà ibn Mu'âdh (fallecido en 872), que fue conocido como "predicador de la esperanza" y cuyas pequeñas oraciones siempre giran dialécticamente en torno al misterio de la clemencia de Dios y la pecaminosidad humana:

Oh Dios, ¿cómo puedo invocarte,
siendo yo un siervo rebelde?
¿Y cómo podría no *invocarte,*
siendo Tú un amo clemente?

Cuatro siglos más tarde Ibn 'Aṭâ' Allâh reza en Alejandría:

Mi Dios, ¿cómo podría pedir honores,
siendo que Tú me estrechas contra Ti?
¿Cómo podría no sentirme pobre,
siendo que Tú me has hecho vivir en la pobreza?
¿Y cómo podría sentirme pobre, siendo que Tú,
con Tu generosidad, me has hecho tan rico?

De acuerdo a los maestros sufíes, siempre hay que tener esperanza, porque Dios ha ordenado todo para bien y finalmente también dejará entrar al paraíso al pobre pecador arrepentido.

El temor y la esperanza no sólo se representan poéticamente como alas, sino también como dos maderos sobre los cuales intenta ponerse a salvo el náufrago en el tempestuoso océano de los sucesos; pero una vez que se ha hundido en el "mar de Dios", ya no los necesitará.

En el plano de los "estados", el temor y la esperanza se corresponden con las experiencias de *qabḍ* y *basṭ,* la "angustia" y la "expansión". *Qabḍ*, cuando el alma «es oprimida, como si estuviera en el ojo de una aguja», equivale aproximadamente a la «noche oscura del alma» en la mística cristiana, mientras que la expansión repentina frecuentemente se convierte en una conciencia cósmica en la cual el alma siente que es más amplia, grande y magnífica que todo el universo, que contiene en sí misma todo lo que existe, sensación que a veces conduce a exaltadas expresiones místicas sobre la naturaleza. De ese estado ha brotado gran parte de la poesía sufí, en la cual el cantor expresa con júbilo su amor a todo el universo. También la transición de la opresión a la sagrada alegría, la embriaguez del alma, es parte de esto. Los serios sufíes de los primeros tiempos como también los maestros de varias corrientes posteriores, como la Shâdhiliyya, naturalmente prefirieron el *qabḍ*, porque el ser humano en ese estado no tiene otra cosa que Dios; no le queda ya el menor vestigio de su propia voluntad y su riqueza; entonces percibe la magnificencia de Dios, quien aparentemente le había abandonado, con mayor intensidad que en el júbilo de la expansión universal, que inspira a otros sufíes a una extasiada danza del alma, pues, como dice Ibn 'Aṭâ' Allâh:

> *En la noche de angustiante opresión*
> *a veces Él te enseña lo que no habías aprendido*
> *en el refulgente día de gozosa expansión.*
> *«Vosotros no veis qué es lo más provechoso para vosotros».*
> (sura 4, 11)

Aún cabe mencionar un grado elevado en el sendero, que es *riḍâ*, "conformidad", cuando el aspirante, con profunda confianza en Dios, acepta todo con gratitud, sabiendo que viene de Dios.

> Al-Ḥuṣrî una vez le dijo a Dios: «Oh, Señor,
> ¿estás conforme con que yo esté conforme contigo?»
> Y recibió la siguiente respuesta: «Si tú estuvieras conforme conmigo, no harías semejante pregunta».

Pues entonces –según la lógica de esta historia– el interrogador también debería estar conforme con el desagrado de Dios.

La estación final del sendero sufí es el amor a Dios o la gnosis de Dios. Todas las corrientes místicas reconocen estas dos metas: éxtasis de amor y cognición, gnosis. El islam no es una excepción al respecto.

2. AMOR MÍSTICO A DIOS

Las definiciones del amor místico se fueron desarrollando cautelosamente en el siglo IX, pues se planteaba la pregunta: "¿en verdad es posible amar a Dios?". ¿No se trata más bien, como afirmaban los ortodoxos, de amor a la obediencia a Dios, que es lo que importa? Pues quien ama a alguien, le obedece. En el sufismo de la primera época aún se pretendía permanecer frente a la puerta del Amado, incluso habiendo sido rechazado; más adelante esta actitud se convirtió en disposición a cumplir siempre la voluntad de Él:

Yo deseo unión, y Él desea separación,
así que abandono lo que yo deseo por lo que Él desea,

dice un verso que tiene infinidad de versiones.

Sin embargo se encontraba aprobación del amor a Dios en el Corán. ¿Acaso la sura 5, 59 no dice al final: «Él les ama, y ellos le aman a Él»? Ese amor emana, como todo en el mundo, de Dios; el ser humano responde a él. Y un amor de ese tipo es infinito, como refiere Dhû 'n-Nûn el Egipcio (fallecido en 859):

> En su soledad, él le preguntó a una vieja: «¿Cuál es el fin del amor?» Y ella le contestó: «¡Tonto! ¡El amor no tiene fin!». «¿Y por qué no?». «Porque el Amado no tiene fin».

Las discusiones acerca del amor a Dios son esenciales en la evolución de la teología islámica. Los sufíes a menudo fueron atacados, e incluso considerados herejes, porque ponían tanto énfasis en el elemento del amor. No obstante, su amor a Dios en la práctica iba de la mano de amor al prójimo, incluso de amor a los animales y cuidado de enfermos, tal como surge de las biografías. Cuando en 885 el gobierno en Bagdad declaró herejes a aquellos extraños sufíes y quiso someterles a proceso, Abû 'l-Ḥusain an-Nûrî (fallecido en 907) se presentó, queriendo sacrificarse por sus hermanos. El califa, conmovido por semejante espíritu de sacrificio, convocó a an-Nûrî y comprobó que los sufíes eran en verdad buenos musulmanes.

Con todo, se les siguió observando con desconfianza. Esto llevó a que utilizaran un lenguaje particular. La imposibilidad de expresar aquello que vivían durante el éxtasis, y por otro lado la preocupación de despertar la ira de otros creyentes con palabras extrañas como "exaltación" y "pasión de amor", hicieron que los sufíes desarrollaran un refinado lenguaje simbólico, que no siempre es fácil de descifrar. Este colorido simbolismo fue lo que luego alcanzó su máxima expresión en la poesía de los sufíes, ante todo en el ámbito de la cultura persa. Sin embargo, los contenidos a veces están tan codificados que, quien haya nacido en épocas posteriores o no sea un iniciado, tendrá dificultades en reconocer el verdadero significado de una enunciación. Muchas de las aparentes contradicciones en las definiciones de las diferentes etapas y estadios del sendero del alma seguramente derivan de nuestras limitaciones en la comprensión del lenguaje; pues gracias al sufismo, la lengua árabe, que de todas maneras ya es de una gran riqueza, adquirió un nuevo aspecto: el de la experiencia auténtica de lo religioso. El juego con las raíces de las palabras árabes, las posibilidades caleidoscópicas de intercambiar las letras básicas (cada palabra árabe se compone de tres radicales básicos) daban lugar a expresiones artísticas casi cabalísticas. A modo de ejemplo se puede mencionar la demostración del místico persa 'Aṭṭâr (ver páginas 66ss.), de que *shi'r*, "poesía", es algo sublime, porque se compone de las mismas letras que *shar'*, "ley", y *'arsh*, "trono de Dios". Temple Gairdner seguramente tiene razón al preguntar: «¿No tomamos demasiado en serio su lengua? Ella hace gala de científica, pero en verdad es poético-retórica». El hecho de que el sufismo también tuvo influencia sobre la evolución lingüística de otros idiomas será analizado más adelante.

En este contexto no hay que olvidar el fenómeno del llamado *shaṭḥ*, que es una "expresión teopática" o, como dice Henry Corbin, una "paradoja". Se trata de oraciones en las cuales el sufí en estado de exaltación dice cosas que serían heréticas si las expresara en estado normal de serenidad y responsabilidad, como por ejemplo la exclamación de Bâyazîd-i Bisṭâmî (fallecido en 874) «*¡Subḥânî! ¡Mâ a'ẓama sha'nî!* (¡Alabado sea yo! ¡Cuán grande es mi majestuosidad!), una expresión que sólo Dios podría haber dicho de sí mismo. Se trata de enunciados que brotan de un corazón desbordante, cuando la persona ya no tiene conciencia de sí misma. Justamente la palabra *shaṭḥ* se deriva de "aventar cereales", proceso en el cual algunos granos caen fuera del tamiz, o del agua que rebalsa de un recipiente demasiado estrecho y chato. La alusión más hermosa a este estado proviene de Qâḍî Qâdán, un poeta místico del siglo XVI en el valle del Indo, que dio una acertada descripción de su situación con una metáfora de su comarca natal:

> Cuando el Indo lleva gran caudal, desbordan los canales,
> así la palabra de amor del Amado no cabe en mi alma.

Resulta comprensible que a los musulmanes legalistas semejante exaltación no les haya parecido ni les parezca compatible con la actitud de un islam más bien sobrio. Como agravante, los sufíes a veces solían escuchar música, canciones de tipo mundano, prorrumpiendo en danzas extáticas; todo ello condenado por la ley. Ya en el año 867 existía en Bagdad un salón para *samâ'*, la "escucha" mística de música, donde se realizaban reuniones esporádicas. Sin embargo, es preciso recalcar que tales eventos musicales no tenían nada que ver con el ritual; más bien eran infrecuentes oportunidades de distenderse en un camino espiritual que exigía una enorme disciplina de sus seguidores. La vivencia de embeleso en el *samâ'* muchas veces parece haber llevado a los sufíes casi al estado de éxtasis amoroso. En el siglo XI, Hujwîrî censura a todos aquellos (y aparentemente eran muchos) que creen que el sufismo no es otra cosa que danza, sin conocer sus fundamentos. El *samâ'* sólo se convirtió en ritual en *una* orden posterior, los mevlevíes.

Las definiciones de amor y gnosis, al igual que las condiciones para el arduo avance en el "sendero", fueron refinadas en el transcurso del siglo IX. Sin embargo, el problema central seguía vigente: ¿cómo se podía conocer a Dios? ¿Cómo amarle a Él, que está más allá de toda descripción, que es trascendente y a quien no alcanzan las miradas (sura 6, 103), y que con todo está «más próximo al ser humano que su propia carótida» (sura 50, 16)? ¿Acaso es posible definir el amor a Él? ¿No será que Su unidad, que el Corán siempre describe como esencial, es tan imponente que ya no quedaba espacio para el ser humano con su búsqueda, con su amor? La profesión de fe «No existe otra deidad más que Dios, Allâh» muchas veces fue transformada, incluso en la ortodoxia, en «No existe nadie que actúe más que Dios, Allâh», pues Él comienza todo y de Él emana toda actividad, a la que el ser humano sólo puede responder. Pero pronto los sufíes dijeron: «No hay nada existente más que Él», lo cual significa que sólo Él posee la verdadera existencia, el verdadero ser; todo lo demás es sólo una sombra, una existencia refleja. Este tipo de enunciaciones ya se encuentran alrededor del año 900. Algunos sufíes ya se preguntaban si realmente era posible expresar la profesión de fe de manera correcta; pues la afirmación de que Dios es Uno ya presupone la dualidad de Dios y el sujeto que habla. Y «sólo Dios tiene el derecho de decir yo»; sólo Él podía afirmar Su unicidad y Su existencia, al dar fe de Sí mismo a través de la boca del ser humano anonadado en Él. Eso significa que el aspirante debe hacer a un lado su propia existencia:

> Tu existencia es una falta
> que no se mide con ninguna otra falta.

reza un verso árabe frecuentemente citado. Y Junaid, el líder de la "austera" escuela de Bagdad, formuló la meta de los sufíes:

> Un sufí es alguien que es como fue cuando todavía no era.

Eso quiere decir antes de que, a través de la palabra creadora divina, la Unicidad Absoluta se manifestara en sujeto y objeto. Esa expresión de Junaid (fallecido en 910) quizás sea la referencia más exacta al final del camino, el retorno al no-ser en el ser de Dios. Y cuando el sufí conoce ese estado, también rige para él: «Quien se conoce a sí mismo, conoce a su Señor»; pues reconoce la inseparabilidad del núcleo del alma de su origen divino. Por lo menos es lo que pensaban algunos sufíes.

En este punto se halla un hombre que se ha convertido en el mártir por excelencia del sufismo, porque, según la tradición, él ha dicho *anâ 'l-ḥaqq* («Yo soy la verdad absoluta», o sea Dios), atestiguando así la disolución del ser humano en Dios y sosteniendo el habla de Dios a través del ser humano. Al-Ḥusain ibn Manṣûr al-Ḥallâj, el "cardador de algodón", nacido en Irán pero residente casi siempre en Irak, fue uno de los más grandes ascetas de su tiempo. Discípulo de varios maestros de Bagdad, realizó varias veces la peregrinación a La Meca, exponiéndose a enormes penurias. Poco después del año 900 se trasladó a la India y desde Gujarât atravesó el actual Pakistán, probablemente siguiendo la ruta de la seda por el Asia Central, desde donde regresó a Bagdad. Su extraño comportamiento y su exótica correspondencia llamaron la atención de las autoridades. Fue considerado peligroso, seguramente también porque intentó introducir innovaciones en el ritual y luchó por un cobro más justo de impuestos. Se dice que habría dicho *ana 'l-ḥaqq* al golpear a la puerta de su maestro Junaid en Bagdad y preguntarle éste quién era. Su respuesta habría llevado a Junaid a maldecirlo. En realidad la frase figura en uno de sus libros, el *kitâb aṭ-ṭawâsîn.* Su encarcelamiento en el año 913 debe haber respondido más bien a causas políticas. Pasaron nueve años antes de que los muftis estuvieran dispuestos a dictar la sentencia de muerte mediante un ardid jurídico. Fue ajusticiado el 26. 3. 922. 'Aṭṭâr resumió el último acto en su biografía de al-Ḥallâj:

> «Alguien le preguntó: "¿Qué es amor?" Él dijo: "Lo verás hoy y mañana y pasado mañana." Aquel día le cortaron las manos y los pies, al día siguiente lo colgaron y al tercer día quemaron su cadáver y entregaron sus cenizas al viento.»

Así murió quien reiteradamente había instado al pueblo a matarle a él, para obtener la recompensa por la eliminación de un hereje, mientras que él podría experimentar la unificación con su Amado divino, del cual sólo se hallaba separado por «haber sido creado en el tiempo». Su apasionado poema:

Matadme, mis amigos,
pues sólo en la muerte es mi vida …

ha sido repetido cientos de veces por los místicos de los siglos posteriores. Al-Ḥallâj, rechazado por la ortodoxia, sigue siendo hasta hoy un favorito de los sufíes y los poetas. En la actualidad incluso se ha convertido en modelo para grupos progresistas. Se dice que él fue ajusticiado por haber expresado el secreto de la unificación amorosa entre el ser humano y Dios, insinuándolo reiteradamente en sus pequeños versos árabes:

Mi espíritu habíase entremezclado con el Tuyo,
tal como el vino se mezcla con el agua clara.
Si algo Te toca, también me toca a mí,
pues siempre y en todos lados Tú eres yo.

Él se encuentra continuamente con su amigo divino:

Te escurres entre el pericardio y el corazón,
tal como las lágrimas se escurren de las pestañas...

Sin embargo, está prohibido *hablar* de la unificación; no se debe revelar el secreto del amor a los no iniciados:

No se lo digáis a nadie, sólo a los sabios,

dice Goethe en su poema "Selige Sehnsucht", ["Arrobadas ansias"], inspirado en la parábola de al-Ḥallâj acerca de la mariposa que se aproxima a la llama y finalmente se quema en ella para experimentar una vida más elevada en la unificación, para realizar el "muere y deviene".

Para muchos de los sufíes posteriores, ante todo los populares, Manṣûr, quien fue ajusticiado por los alfaquíes por su amor a Dios, se convirtió en ejemplo para todo verdadero amante quien, como se dice en la tradición, «realizó sus abluciones con su propia sangre»; para los sucesivos escritores del mundo islámico moderno, a su vez, al-Ḥallâj fue quien luchó contra el "establishment", siendo condenado a muerte por su amor a la libertad. Su figura está presente en todas partes, desde Marruecos hasta Indonesia; un sinnúmero de versos fueron escritos sobre él en todas las lenguas islámicas; existen obras de teatro turcas y árabes, en las cuales aparece como crítico de la sociedad, por ejemplo *La tragedia de al-Ḥallâj* del poeta egipcio Ṣalâḥ 'Abd aṣ-Ṣabûr (fallecido en 1984). El nombre de al-Ḥallâj resuena en las letanías de algunas hermandades. Si al anochecer se escucha a los cantores populares en el valle del Indo, se oirán canciones sobre al-Ḥallâj, «para quien la horca fue el lecho nupcial».

La investigación europea ha hecho grandes esfuerzos por aproximarse al secreto de este hombre. Tenemos testimonios de sus escasos amigos y de sus numerosos enemigos, que le acusaron de hechicería y comportamiento ruin. Louis Massignon con su colosal obra ha contribuido considerablemente a dar a conocer en Occidente la figura del místico mártir; su asimilación a la figura de Jesús (su muerte voluntaria, algunas expresiones cristológicas en su obra) también ha sido indagada.

Con todo, hace años escuché a un maestro sufí en Estambul, que rechazaba categóricamente a al-Ḥallâj: «¡*Ana 'l-ḥaqq* no es sufismo!». Para él la expresión seguía conteniendo demasiado "yo", pues el maestro que expresaba esta crítica era un representante del sufismo "turco", muy activo en los años cincuenta, el cual le daba especial valor a un total autoaniquilamiento a través del sufrimiento infinito. Es verdad que todos los sufíes han colocado la necesidad del dolor y del sufrimiento en el centro de su doctrina, pero para al-Ḥallâj el sufrimiento era como un manto honorífico. Él avanzaba camino al cadalso, danzando en sus cadenas, pues en la muerte estaba la consagración de su anhelo.

3. MÍSTICA TEOSÓFICA

La muerte de al-Ḥallâj es considerada como una especie de corte en la historia del sufismo; y efectivamente en el siglo x ya no se encuentran muchos maestros notables (como por ejemplo el iraquí an-Niffarî, fallecido en 965), aunque el sufismo se haya difundido ampliamente en esa época. Las dudas de los creyentes tradicionalistas frente a las enseñanzas y las prácticas sufíes seguían existiendo. Por esa razón, en la segunda mitad de ese siglo se redactó una serie de grandes obras árabes que pretendían mostrar que el sufismo no es más que una internalización de la vida musulmana normal: las obras de as-Sarrâj (fallecido en 988), de Abû Ṭâlib al-Makkî (fallecido en 994) y de Kalâbâdhî (fallecido en 990) merecen una mención especial en este contexto; todas ellas han sido traducidas al alemán o al inglés.

El libro *Qût al-qulûb* (El alimento de los corazones) de al-Makkî fue aprovechado con particular énfasis por sus seguidores. La obra más importante del sufismo moderado, *Iḥyâ' 'ulûm ad-dîn* (Revivificación de las ciencias de la religión) de al-Ghazzâlî, en gran parte se deriva de aquel libro de al-Makkî, pero lo ha superado notablemente en cuanto a su efectividad. El autor del *Iḥyâ'*, Abû Ḥâmid al-Ghazzâlî (Algazel, fallecido en 1111), era un renombrado teólogo y docente en la universidad más famosa de su tiempo, la Niẓâmiyya en Bagdad.

En numerosas obras él se opuso a los filósofos y bâṭiniyya (o sea las corrientes ismâ'îlíes), renunciando repentinamente a su cargo docente por no coincidir con ninguna de las tendencias de su época, según expresa en su autobiografía; los teólogos sabihondos y los juristas puntillosos, que conocían a la perfección todos los detalles de las leyes de divorcio y de herencia, no sabían nada acerca de la presencia de Dios y de la auténtica religiosidad. Al-Ghazzâlî, con su vasta cultura enciclopédica, en su obra principal finalmente enseñó un camino de tinte moderadamente místico hacia una religiosidad viva. La voluminosa obra, subdividida en cuarenta capítulos (40 es el número de la preparación, de la paciencia, del cual también se deriva la clausura de 40 días del discípulo sufí, mencionada anteriormente, en la página 25), comienza con la exposición de los deberes religiosos del musulmán, enseña a hacer lo indicado y evitar lo prohibido, para pasar luego, en el libro cuarto, a las experiencias de tipo místico, las ansias, el amor, el afecto, la confianza en Dios y otras semejantes, hasta terminar en el libro cuadragésimo con la actitud del buen musulmán frente a la muerte.

Esta obra de al-Ghazzâlî ha hecho que el sufismo moderado le resulte aceptable a muchos musulmanes; es una de las obras más importantes de la Edad Media.

Sin embargo, resulta sorprendente que justamente al-Ghazzâlî, cuyos escritos han contribuido tanto a difundir el llamado "sufismo de Bagdad", de carácter más bien sobrio, también haya redactado un pequeño libro que preanuncia la evolución futura; se trata de *Mishkât al-anwâr* (El nicho de luz, una referencia a la sura 24, 35), en el cual se encuentra una mística de la luz de carácter casi "teosófico", cuya ubicación temporal dentro de la obra de al-Ghazzâlî, no obstante, no ha podido ser establecida.

De todos modos, al-Ghazzâlî se ubica en cierta manera en el final del misticismo voluntarista del comienzo, cuya meta era el aniquilamiento de la voluntad del ser humano en la voluntad de Dios y en el cual el amor abnegado a Dios es el sentimiento más relevante.

No obstante, a esa actitud inicial del sufismo aún le faltaba un fundamento filosófico teórico, que aparece fugazmente en algunos escritos aislados acerca de la jerarquía de los santos o en pequeños tratados, pero que se hace más patente en el siglo XII y luego transformaría profundamente al sufismo en el siglo XIII. El "nicho de luz" de al-Ghazzâlî se ubica en el comienzo de tales tendencias.

Exactamente ochenta años después de la muerte de al-Ghazzâlî en su lugar de origen en el noreste de Irán, un joven pensador persa fue sentenciado a muerte por sus audaces teorías en la ciudad de Alepo. Se trataba de Shihâb ad-Dîn as-Suhrawardî, el "maestro de la iluminación", *shaikh al-ishrâq*, también llamado Suhrawardî *al-maqtûl* (el Ajusticiado). Proveniente de Irán, él había desarrollado en obras árabes y persas una teosofía de la iluminación, en la cual se apoya en tradiciones egipcias antiguas, herméticas, griegas e iraníes antiguas, creando un sistema fascinante que no desmiente su parentesco con corrientes helénicas y gnósticas.

Para Suhrawardî «existencia es igual a luz»; ¿acaso no dice el Corán que «Dios es la luz del cielo y de la tierra?» (sura 24, 35). Esa luz absoluta llega al mundo de las criaturas a través de un sinnúmero de categorías verticales y horizontales de seres angélicos. El arquetipo de la humanidad entre los ángeles es Gabriel, y todas las cosas son despertadas a la vida por el sonido de las alas de Gabriel. La tarea del ser humano consiste en reconocer la luz existencial y acercarse a ella. Cuanto, traspasado por la luz, más intensamente logra desprenderse de las oscuridades del propio yo, tanto más se acerca a lo divino. El alma, afirma Suhrawardî con una idea que ya era conocida a partir del poema gnóstico titulado *Canción de la perla*, se encuentra en un pozo oscuro en Occidente y ha olvidado su origen lumínico; si vuelve a tomar conocimiento del mismo, se pondrá en camino a casa, llegando finalmente a Yemen, el país de la "sabiduría yemenita", donde se localizan los arcángeles. El contraste entre el Occidente oscuro y materialista y el Oriente luminoso, que también se encuentra en la tradición europea (por ejemplo en el pensamiento de los rosacruces) y ha sido tema de numerosos mitos y cuentos del "viaje al Levante" del alma (y en cierta forma sigue perdurando hasta el presente), se expresa con suma claridad en el concepto de Suhrawardî del "exilio occidental".

Ciertamente el sistema filosófico del pensador iraní es muy complejo. Sin embargo, supo expresar acertadamente sus reflexiones de alto vuelo en pequeñas fábulas y parábolas persas, que describen las experiencias del alma en el exilio, su tendencia a olvidar y su liberación.

El relato, la anécdota como instrumento didáctico, cuyos primeros y sutiles ejemplos ya aparecen en el siglo IX con la autoría del sufí egipcio Dhû 'n-Nûn, sigue siendo hasta hoy un medio legítimo de educación. Incluso es usado en nuestros días en numerosas obras populares sobre el sufismo, si bien frecuentemente con una tónica más superficial y recurriendo a otras tradiciones como, por ejemplo, el personaje de Nasreddin Hoca, el campesino bribón de la tradición turco-persa, que actualmente suele ser el protagonista de tales historias didácticas, quizás como prolongación del papel del bufón, que desempeña un papel tan prominente en las obras de 'Aṭṭâr. No cabe suponer que 'Aṭṭâr tuviera conocimiento de las fábulas persas de su compatriota y contemporáneo Suhrawardî (si bien ambos le han dedicado maravillosas palabras al "ave divina" Sîmurgh). Sin embargo, el arte del relato didáctico en general parece haber ganado en popularidad en la segunda mitad del siglo XII, quizás porque el sufismo en aquel momento dejó de pertenecer únicamente a una élite espiritual, convirtiéndose en movimiento masivo gracias a la aparición de las hermandades. Entonces los sistemas complejos de la mística teosófica surgida en aquella época debían explicarse de algún modo a los legos. Suhrawardî al-Maqtûl debe de haber sido uno de los primeros maestros que acercaron sus enseñanzas también a los musulmanes sin conocimientos previos de filosofía, un arte que se siguió desarrollando cada vez más en círculos derviches y logró manifestaciones particularmente bellas en la tradición poética persa.

Cuando en 1191 Suhrawardî fue condenado a muerte, al igual que su modelo ideal al-Ḥallâj, por presunta herejía, precisamente estaba a punto de adquirir renombre un hombre joven de Murcia, España. Se trataba de Muḥyî 'd-Dîn ibn 'Arabî, nacido en 1165 y conocido por sus seguidores como el *shaikh al-akbar*, el Maestro Mayor. Una serie de especialistas en el campo del sufismo incluso opinan que la palabra "sufismo" sólo puede aplicarse a la cosmovisión desarrollada por Ibn 'Arabî.

Ya de niño, Ibn 'Arabî habría manifestado extraordinarias aptitudes espirituales, manteniendo un diálogo mudo con el gran filósofo Ibn Rushd (Averroes) y siendo bendecido con visiones y audiciones. Su trayectoria, reconstruida meticulosamente por su biógrafa Claude Addas recurriendo a todas las fuentes disponibles, lo llevó, a través del Norte de África, a La Meca, donde al circunvalar la Ka'ba, fue bendecido con una imponente visión, cuyo contenido desarrolló en los próximos años y decenios en sus *Futûḥât al-makkiyya* (Las revelaciones de La Meca). Esa obra intenta transmitir en 560 capítulos una visión completa del mundo y de Dios, aunque el contenido y la estructura sólo serán accesibles a un lector paciente y favorecido con un entendimiento sobresaliente.

En La Meca Ibn 'Arabî se encontró con una muy culta joven persa, quien le inspiró a escribir tiernos poemas de amor en estilo árabe clásico. Más tarde él interpretó los versos como referencias metafóricas a experiencias místicas, y con ello introdujo un método que se hizo muy popular entre los sufíes de los siglos siguientes, consistente en explicar, con la ayuda de complicadas equivalencias, los poemas de amor terrenal como expresión de vivencias religiosas. Esta técnica frecuentemente condujo a que encantadores versos amorosos fueran convertidos en sesudos tratados de filosofía. Ciertamente el amor terrenal puede, como "amor metafórico", tender el puente hacia el amor a Dios. Y en todas las corrientes místicas del mundo las imágenes de anhelo terrenal sirven para insinuar el anhelo del alma de llegar a Dios. Pero parece que Ibn 'Arabî quería expresar que en este caso se trataba de experiencias espirituales que sólo eran simbolizadas en imágenes eróticas para una mejor comprensión del oyente. No obstante, con el método utilizado por él y sus seguidores muchas veces se le hace bastante difícil al oyente comprender y menos aún disfrutar el erudito vocabulario de los comentarios...

Ibn 'Arabî realizó muchos viajes en la región central del mundo islámico. Se casó varias veces. Una de sus esposas fue una viuda de Anatolia, cuyo hijo, Ṣadr ad-Dîn al-Qûnawî (fallecido en 1274), se convirtió en su primer gran intérprete. Ṣadr ad-Dîn vivió en la misma época que Jalâl ad-Dîn ar-Rûmî en Konya. Probablemente haya contribuido a aproximarle a su gran compatriota el mundo espiritual de su padrastro (que por cierto sólo encontró la aprobación parcial de Rûmî, a pesar de que todos los posteriores comentaristas de su *Mathnawî* lo interpretaron a la luz de las teorías de Ibn 'Arabî).

En años posteriores Ibn 'Arabî, inspirado por una aparición en sueños del profeta, redactó sus *Fuṣûṣ al-ḥikam* (Los engarces de las sabidurías), una doctrina de los profetas en la cual se describen las características personales de cada uno de los 27 profetas mencionados en el Corán, culminando en Muḥammad, cuya expresión «de vuestro mundo he adquirido afecto por las mujeres y los perfumes, y mi consuelo está en la oración» se ha convertido en el lema para su biografía mística del profeta. Las discusiones teológicas en torno a los *Fuṣûṣ al-ḥikam* aún persisten, pues muchos críticos consideraron y consideran que la obra es herética y peligrosa.

Las ideas de Ibn 'Arabî han influido profundamente sobre el sufismo a partir de fines del siglo XIII, aun cuando eran tabúes en los círculos ortodoxos; sus conceptos acerca de Dios, la creación y el mundo se han cultivado, a veces en forma diluida, en todos aquellos lugares en que había sufíes. Su verso:

Yo sigo la religión del amor
en cualquier dirección que lleven sus cabalgaduras,

muchas veces sacado de contexto, se ha convertido en una expresión favorita ante todo de los amigos del sufismo en Occidente. Como acotación al margen cabe mencionar que el gran andaluz le reconocía cierto valor de verdad a las religiones preislámicas, pero las comparaba con estrellas que al salir el sol (= islam) siguen estando presentes, pero ya no tienen una función conductora. También hay que hacer notar que su obra contiene duras críticas a sus contemporáneos cristianos.

La doctrina central de Ibn 'Arabî es *waḥdat al-wujûd*, "unidad de lo existente, del ser", una expresión que como tal no fue usada por él, sino sólo por sus comentaristas. El sistema se ha denominado monismo del ser, pero resulta difícil traducir correctamente la palabra *wujûd*. Significa "encontrar, ser encontrado", y se usa para denominar el origen primigenio e inalcanzable, el *deus absconditus*. Todo lo creado es irreal, pero cada ser tiene cierta participación en el *wujûd*, refleja algo de los nombres de Dios y, por ende, puede ser denominado con el concepto predilecto de Ibn 'Arabî, *barzakh*, el istmo que separa y a la vez une dos cosas; cada ser creado participa del *wujûd* y del no-ser. Por ello prácticamente no existe una afirmación unívoca de Ibn 'Arabî respecto a tema alguno; pues todo puede ser considerado desde dos lados opuestos. Eso también es válido para el concepto de Dios tal como lo formula el ser humano. La razón afirma y sostiene Su inaccesibilidad e incomprensibilidad, pero la imaginación (uno de los conceptos preferidos de Ibn 'Arabî) ve Su presencia en todo lo que existe. La conocida contraposición entre *deus absconditus* y *deus revelatus* se presenta aquí en forma un tanto más compleja. Sin embargo, es preciso ver ambos aspectos de Dios; quien ve uno solo se asemeja a un bizco o un tuerto. Entre todas las criaturas, sólo el ser humano tiene participación en todos los significados del *wujûd*. Él ha sido llamado a reconocer y, de ser posible, manifestar las infinitas potencialidades del ser divino. Ibn 'Arabî compara el *wujûd* con la luz incolora, que en cada medio sufre una difracción diferente, adquiriendo colores diversos –del mismo modo el contraste con *waḥdat al-wujûd*, la "unidad del ser", es *kathrat al-'ilm*, "multiplicidad del saber", tal como se refleja en la creación.

En tiempos posteriores, ante todo en el mundo islámico oriental, el complejo sistema muchas veces ha sido resumido simplemente en la fórmula persa *hama ûst*, "todo es Él", que no le hace justicia al intrincado sistema, pero que –interesante es señalarlo– ya aparecía en tiempos previos a Ibn 'Arabî, en las obras de 'Aṭṭâr (ver página 66 ss.).

La teoría de la creación de Ibn 'Arabî –o mejor dicho, su mito de la creación– es tan simple como genial. Dios, el irreconocible, innombrable *wujûd*, se encontraba solo en la eternidad sin comienzo, aunque las cosas futuras, con su forma surgida en el tiempo, ya eran parte de Su saber. Los nombres ocultos en Él (aquellos más bellos nombres de Dios de los cuales habla el Corán en la sura 59, 24) anhelaban manifestarse. Una expresión extracoránica le hace decir a Dios: «Yo era un tesoro escondido y quería ser reconocido;

por eso Yo creé el mundo». De ese modo los nombres, debido a sus ansias de ser reconocidos y amados, brotaron del ser oculto y jamás alcanzable de Dios, tal como el cuerpo exhala una respiración contenida durante demasiado tiempo. Eso es lo que se denomina *nafas ar-raḥmân*, "el aliento del misericordioso", aquel aliento que sopla a través de toda la creación, haciendo efectivas las palabras divinas. Los nombres se toparon con el no-ser, que los reflejó como trozos de espejo. Así el mundo es, en cierta manera, un reflejo de los nombres de Dios. Sólo existe mientras su rostro, la superficie del espejo, esté orientado hacia Dios; de lo contrario desaparece, pues es absolutamente dependiente de Dios. En un lenguaje más técnico también se puede decir: la creación sólo existe en la medida en que participa del *wujûd*. Dios en Su unicidad permanece intocado por el mundo y sólo puede ser adivinado por medio de las imágenes reflejas. De ese modo, cada uno lo conoce a su propia manera, según el nombre que en él se manifiesta más intensamente. Incluso se puede decir que Dios sólo está presente porque es reconocido, de manera tal que el lector de Ibn 'Arabî se puede sentir remitido a los versos de Rilke en el *Libro de las horas*:

¿Qué harás, Dios, cuando yo muera?
Soy Tu cántaro – si me hago añicos...

Este concepto ya aparece en la literatura alemana en la obra de Angelus Silesius (fallecido en 1677). A.A. Affifi ha expresado acertadamente:

Nosotros mismos somos los atributos con los que
describimos a Dios, nuestra existencia no es más que una
objetivación de Su existencia. Dios es necesario
para nosotros, para que podamos existir,
mientras que somos necesarios para Él, para que Él

Se manifieste para Sí Mismo.
Yo también Le doy vida
al conocerlo en mi corazón.

Pero, ¿cómo se puede conciliar esto con la fe del Corán en la suficiencia absoluta de Dios?

Los críticos han señalado que en el sistema de Ibn 'Arabî no existe una diferenciación explícita entre bien y mal, ya que Dios y el ser humano son totalmente dependientes entre sí y «todo está en el lugar correcto».

Y sin embargo, Ibn 'Arabî siempre se ha mantenido fiel a la significación de la *Sharî'a*, la ley conferida por Muḥammad. Obedecer la *Sharî'a* es, según él, el camino correcto que conduce a la dicha suprema. También se atuvo estrictamente al significado literal de todo lo que dice el Corán, pues le parecía una "descortesía" frente a Dios cambiar la interpretación de las palabras del mismo.

El *shaikh al-akbar* ha desarrollado un complejo sistema de diferentes niveles de creación. El escalón más bajo, *mulk*, es el mundo existente y visible, en el cual se hace realidad la creación de Dios, *khalq*. Luego sigue la serie de mundos espirituales, comenzando con *malakût*, en el cual se manifiesta la "orden" de Dios, *amr* (*khalq* y *amr* se derivan de la sura 7, 54). Luego viene *jabarût*, donde están localizados los seres angélicos más elevados; por encima de éste se encuentra *lâhût*, el mundo divino, cuya culminación puede ser denominada *hâhût,* que es aquella esfera en la que se encuentra la *h*, la última letra del omnímodo nombre de Dios, *Allâh*. Ibn 'Arabî afirma haber contemplado una vez esa letra de la ipseidad divina en una grandiosa visión. Entre *'âlam al-ghaib*, el "mundo de lo oculto", y el mundo de lo visible (*'âlam ash-shahâda*) existe un escalón intermedio, *'âlam al-mithâl*, el mundo de lo imaginal, en el cual se encuentran todas las posibilidades aún no realizadas, pues la fuerza de lo imaginal

(¡no lo imaginario!) es la principal fuerza impulsora en el universo de Ibn 'Arabî. El mundo del *'âlam al-mithâl* desempeñará un papel importante ante todo en el sufismo de épocas posteriores, pues el maestro consumado puede, a través de la fuerza de su alma y su concentración, conjurar sucesos futuros de ese mundo haciéndolos realidad en el mundo visible. Quien ha estado en una relación más estrecha con maestros sufíes sabe que muchos devotos le asignan a su maestro la capacidad de actuar sobre el *'âlam al-mithâl.*

Aquí aparece, en lugar de la cosmovisión relativamente simple del sufismo inicial, un sistema gnóstico en el cual el aspirante está llamado a "rasgar los velos de la ignorancia" para poder reconocer el accionar de Dios en los diferentes estratos de los atributos y las acciones de Dios, una mística intelectualista que, al parecer, tiene un particular poder de atracción para los europeos y estadounidenses modernos, aun cuando carecen del apasionado y ardiente amor que ha inspirado las manifestaciones más bellas del sufismo. No pocos creen que la eclosión de los nombres hacia el no-ser es una poética metáfora de aquello que hoy denominamos como "big bang" o "gran explosión".

Un punto central en el sistema de Ibn 'Arabî es su doctrina del Ser Humano Consumado (*al-insân al-kâmil*). El profeta Muḥammad, centro de religiosidad mística desde hace siglos, es lo primero que Dios ha creado a partir de Su luz. De cierta manera es el punto de unión entre el *wujûd* divino y la humanidad, el ejemplo para todos los creyentes, pues el ser humano que porta todos los nombres de Dios en su interior puede hacerse cada vez más perfecto si realiza armónicamente esos nombres dentro de sí. La metáfora para describir esta experiencia es el ascenso a través de los estratos de los profetas anteriores a Muḥammad, hasta que el aspirante logra el "aniquilamiento en el profeta", pero no como ansiaban los sufíes anteriores, el "aniquilamiento en Dios"; pues Dios es el eternamente inalcanzable, al cual uno sólo se puede aproximar a través de Su profeta, aceptando a éste como modelo absoluto de la perfección. Sin embargo, nunca hay que olvidar que Muḥammad siempre sigue siendo una criatura, un "siervo de Dios", y que como tal jamás es comparable al "Hijo de Dios" de los cristianos. El tema del "Ser Humano Consumado" ha sido tratado con frecuencia en la literatura islámica posterior; el estudio clásico es la obra de al-Jîlî (fallecido en 1428) *Al-insân al-kâmil*.

Un aspecto interesante de la doctrina de Ibn 'Arabî es el alto rango que poseen las mujeres. Durante su juventud en Córdoba él había tenido mujeres como maestras de mística y por ello también admitía la posibilidad de que las mujeres alcanzaran altos rangos en la jerarquía de santidad. En una expresión famosa incluso se esfuerza por demostrar que Dios es más fácil de reconocer a través de lo femenino que a través del hombre, ya que en la mujer están igualmente presentes el elemento activo y el pasivo.

Ibn 'Arabî sostenía haber alcanzado el rango más elevado que le puede ser conferido a un ser humano, "el sello de la santidad muḥammadiana". Así como Muḥammad es el "sello de los profetas" (sura 33, 40), así Ibn 'Arabî es el "sello de la santidad muḥammadiana", gracias a su iniciación por Jesús, el santo entre los profetas. Y no sólo tiene esta alta pretensión; en un sueño dice haber visto que en la Ka'ba faltaba un ladrillo dorado y otro plateado y que a él se le colocaba en su lugar, de manera que la santidad de la Ka'ba la completaba él.

La obra de Ibn 'Arabî ha influenciado las generaciones posteriores e incluso la totalidad del sufismo hasta nuestros días. Su nombre es mencionado con profunda veneración aun por aquellos sufíes que tienen una actitud un poco más crítica frente a sus teorías. Las interpretaciones de los textos místicos clásicos, sobre todo de las obras de Jalâl ad-Dîn ar-Rûmî, mediante las enseñanzas de Ibn 'Arabî han tapado durante mucho tiempo la comprensión del sufismo de la primera época, hasta que, en el siglo xx, al salir a la luz numerosos textos antiguos anteriores a la época de Ibn 'Arabî, se abrió la posibilidad a nuevas interpretaciones de la historia del sufismo. Las obras de Louis Massignon sobre al-Ḥallâj son un ejemplo paradigmático de tales interpretaciones.

Por desconcertado que pueda sentirse un lector racional frente a las grandilocuentes visiones y la inaudita autoestima del andaluz, de todos modos sigue creciendo el interés de los científicos europeos por la obra de Ibn 'Arabî, pues "él tiene una respuesta para todo". La bibliografía sobre él va en aumento; en Londres se celebran regularmente las muy concurridas reuniones de la Ibn-'Arabi-Society. Basta con comparar la cuidada edición de los *Escritos menores de Ibn al-'Arabî,* de H. S. Nyberg (1918), con las obras más recientes de Michel Chodzkiewicz y ante todo de William Chittick, para notar la diferencia entre la explicación tradicional de su teosofía como un neoplatonismo islamizado y el intento de presentar al *shaikh al-akbar* como intérprete esotérico de la revelación del Corán y creador de un sistema omnímodo de explicación del universo. Pero como Ibn 'Arabî ha dejado más de 600 escritos (de los cuales algunos, por cierto, son bastante cortos) y como la interpretación de las *Futûḥât* por sí sola ya requiere de toda una vida humana, porque esa obra está formada por una vastísima y muy compleja trama de ideas, frases de sabiduría y visiones, el intento de comprender su obra seguramente seguirá ocupando por mucho tiempo a los especialistas de Oriente y Occidente, mientras que otros preferirán retirarse de la frialdad de su sistema al calor de la poesía pletórica de pasión amorosa y sufrimiento.

4. SUFISMO Y LITERATURA

La mayoría de las personas que escuchan la palabra "sufismo" piensan automáticamente en "derviches giróvagos", en poéticas descripciones de celebraciones extáticas, donde el vino del amor a Dios embriaga a todos, o bien en ardientes versos de amor. En efecto, el aspecto más conocido del sufismo en Occidente es su literatura, más exactamente la poesía persa, que surgió bajo la influencia del sufismo y en parte fue dada a conocer al lector occidental a través de traducciones (o mejor dicho: interpretaciones libres) más o menos logradas. En todas las religiones los movimientos místicos siempre han tendido a expresar sus misterios a través de la poesía cuando el ardor de las ansias amorosas los desbordaba, y el islam no es una excepción.

Es preciso admitir que la literatura árabe clásica producida por el sufismo es más potente en sus obras en prosa que en su poesía. La vigorosa y dúctil lengua árabe es muy apropiada para expresar experiencias religiosas; pero como el Corán se manifestó contrario a los poetas, que «dicen lo que no hacen» (sura 2, 226ss.), transcurrió bastante tiempo antes de que apareciera una verdadera poesía religiosa en el mundo árabe. Con todo, algunos de los primeros sufíes intentaron expresar su amor en delicados y sencillos versitos. Entre los primeros conservados están los de Râbi'a (fallecida en 801), que hoy en día también han sido musicalizados, y que ha interpretado la gran cantante egipcia Umm Kulthûm. Sin embargo son más impactantes los textos en prosa, en especial las oraciones de los primeros sufíes, que utilizan todas las posibilidades del lenguaje para hacer melodiosas invocaciones, alabanzas y descripciones. Una oración semejante, escrita por el egipcio Dhû 'n-Nûn (fallecido en 859), al cual le debemos numerosas inspiraciones de importancia, es típica de la cosmovisión sufí y también de la islámica en general, que reconoce que no hay nada en la Tierra que no alabe a Dios (ver sura 57, 1).

Dios, jamás escucho
la voz de un animal o el rumor de un árbol,
el murmullo del agua o el canto de un pájaro,
el rugir del viento o el retumbar del trueno,
sin percatarme de que atestiguan Tu unicidad
y que señalan que no hay nada igual a Ti,
que Tú eres el soberano, que no puede ser dominado,
el justo, que no es cruel,
el confiable, que no miente.

Los poemas del místico y mártir al-Ḥallâj están llenos de ternura, aunque no utilizan imágenes sensuales; sin embargo, ya aparece en ellos la tendencia a los juegos de palabras y de letras de tipo cabalístico, los cuales son un componente importante de los textos sufíes.

En la primera época de la literatura sufí en lengua árabe son muy escasos los poemas que se sirven del lenguaje metafórico clásico, como se lo conoce de la poética de tiempos preislámicos o de la primera época del islam. Ésa fue una evolución en la alta Edad Media que luego se convirtió en modelo para todos los poetas posteriores. El pequeño *Dîwân* del egipcio Ibn al-Fâriḍ (fallecido en 1235) es un ejemplo emblemático de este arte. Ibn al-Fâriḍ le ha cantado al secreto del vino eterno, que «embriagaba a los amantes antes de que se hubieran creado las uvas», aludiendo a los sentimientos de un alma enamorada con los siguientes versos:

¡... aun estando lejos, lo percibe a él,
en toda criatura delicada, diáfana, agraciada,
en la canción del laúd y la suave flauta,
al entretejerse en dulces melodías;
en la arbolada pastura de las gacelas,
en la frescura del ocaso y el fulgor del amanecer,
en la gota cayendo de finos velos de nubes
en alfombras, sutilmente tejidas con flores,
que el viento matinal recorre en sus orillas,
cuando al alba me acerca dulcemente los aromas,
mientras beso el labio del cáliz, sorbiendo
el más puro vino con profunda felicidad y alegría!
Yo no sentía nostalgia mientras él estaba conmigo;
mi corazón no estaba afligido, donde estuviéramos...

Y en su *Tâ'iyya al-kubrà*, el "poema mayor, rimado en *t*", Ibn al-Fâriḍ ha intentado relatar en 750 versos las experiencias del aspirante en el sendero, para lo cual también utiliza una metáfora que ya era conocida en la poesía de aquella época: la de las sombras chinescas. ¿Acaso Dios no es el gran titiritero que sostiene todo suspendido de hilos invisibles? Pues:

¡Todo lo que ves es obra del Único!

También el contemporáneo de Ibn al-Fâriḍ, el ya mencionado Ibn 'Arabî, escribió poesías, pero creyó conveniente proveer sus versos de amor con un nutrido comentario de explicaciones filosóficas, para hacerlos "innocuos" (ver página 46). Más tarde su método fue adoptado por muchos otros poetas.

Cabe señalar al margen que los coetáneos árabes de los dos sufíes mencionados también se destacaron en poesías de tinte místico en honor al profeta, pues, a medida que la religiosidad se centraba más en la veneración del profeta Muḥammad, también se hacían más frecuentes los himnos a él en todas las lenguas islámicas. La más conocida de las canciones místicas de alabanza al profeta en árabe es la *Burda* de al-Bûṣîrî (fallecido en 1296), compuesta por el poeta después de una curación onírica: el profeta lo había cubierto a él con su manto yemenita, la *burda*, y él despertó curado; por ello también se le asigna al largo poema un efecto de bendición. Miles de copias, en parte en esmerada caligrafía, existen desde Marruecos hasta la India; la recitación solemne de la *Burda* se sigue practicando hasta el presente.

También ha tenido su origen en Egipto uno de los más bellos devocionarios en lengua árabe, las *Palabras de Sabiduría*, *Ḥikam*, de Ibn 'Aṭâ' Allâh (fallecido en 1309), que brindan consuelo a muchos creyentes hasta la actualidad, porque el lector volverá a regocijarse una y otra vez con la melodiosa cadencia de sus palabras:

¡No hay una única bocanada de aire que tú inspiras
en la que Él no concreta Su voluntad en ti!

El desatento se pregunta a la mañana: "¿Qué haré?"
El razonable contempla: "¿Qué hará Dios conmigo ahora?"

Dios mío, por la diversidad de los signos creados
y el constante cambio de fases he aprendido
que es Tu voluntad darte a conocer a mí en todo,
para que en ningún lugar pueda no reconocerte.

Ibn 'Aṭâ' Allâh también redactó un importante manual sobre la remembranza de Dios, que se sigue utilizando hasta hoy. Su mausoleo se encuentra en la Qarâfa, la enorme necrópolis de El Cairo, actualmente cubierta casi en su totalidad por edificaciones. Allí el visitante también encontrará los sepulcros de Dhû 'n-Nûn, Ibn al-Fâriḍ y muchos otros maestros del sufismo.

La expresión más acabada de la poesía sufí surgió en la región iraní. Desde un comienzo los devotos de Irán desempeñaron un papel preponderante en la evolución del sufismo –tanto es así, que más de un investigador en el pasado consideró al sufismo como «reacción del espíritu ario contra la rígida fe semítica». Sin embargo, en los primeros siglos del islam, los persas utilizaron la lengua árabe para sus obras, así como los cristianos medievales de los más variados orígenes se expresaban en latín. Las primeras obras sufíes nacieron en la segunda mitad del siglo XI. En aquel entonces Hujwîrî, quien aún sigue siendo venerado en Lahore bajo el nombre de Data Ganj Bakhsh (fallecido aproximadamente en 1072), escribió su tratado *Kashf al-maḥjûb* (La manifestación del oculto tras los velos), que contiene biografías de sufíes e interpretaciones de los diversos estadios del sendero sufí. Casi simultáneamente en Herat 'Abdallâh-i Anṣârî (fallecido en 1089), un representante de la estricta escuela jurídica ḥanbalí, escribió instrucciones para el sendero sufí, obras biográficas y comentarios del Corán, así como también el pequeño libro de oraciones persa *munâjât*, que hasta hoy es recitado no sólo en su mausoleo en Gazurgâh cerca de Herat, sino en todas las regiones donde se habla persa. Dentro de su simplicidad, es un verdadero vademécum:

Oh Señor, lleno de misericordia, dale vitalidad a mi corazón
Tú que a todo dolor le prestas paciente el remedio.
¿Cómo he de saber yo, pobre esclavo, qué debo buscar?
El que sabe sólo eres Tú
¡dame, pues, lo que sabes!

¡Oh Dios, acepta mis disculpas
y no retengas lo que he hecho de malo!
¡Oh Dios, nuestra vida es arrojada al viento;
hemos maltratado a nuestro cuerpo
y actuado para satisfacción de Satanás!
¡Oh Dios, antes y después del peligro no encuentro caminos!
Toma mi mano, pues fuera de Ti no encuentro
quien me cuide y proteja…

El lector podrá tener la mejor noción del desarrollo del sufismo –no sólo en la región del actual Afganistán, sino en general–, si contrapone estas sencillas palabras con una obra de similar extensión, redactada 400 años más tarde en la misma ciudad de Herat. Se trata de *Lawâ'iḥ* (Luces destellantes) de Jâmî (fallecido en 1492), una composición que, al igual que las oraciones de Anṣârî, fue escrita en una mezcla de prosa y poesía. A la entrega ingenua a un Dios indulgente se opone aquí una veneración intelectual, de tinte filosófico, influenciada por el pensamiento de Ibn 'Arabî:

El Absolutamente Bello es el Todopoderoso y Sobreabundante:
Cada belleza y perfección que se manifiesta en todos los estratos
es reflejo de Su belleza y perfección,
que destellan allí y por las cuales aquellos que se encuentran en estos estratos
poseen la cualidad de la belleza
y el atributo de la perfección.
Todo aquel que conozcas como sabio,
lo es por Su sabiduría, y siempre que observes prudencia,
ésta es el fruto de Su prudencia…

La región oriental del ámbito cultural iraní, el actual Afganistán, se convirtió en cuna de una evolución particularmente trascendente de la literatura sufí. Sanâ'î, un poeta en la corte en Ghazna (fallecido en 1131), no sólo compuso maravillosos versos panegíricos y encantadores poemas de amor en su lengua materna persa, sino también un poema épico en versos pareados, un llamado *mathnawî*. Esa forma había sido utilizada un siglo antes precisamente en esta misma ciudad, Ghazna, por el poeta Firdausî para su obra *Shâhnâma*, el "Libro de los reyes" persa, con una extensión de cerca de 50.000 versos. Sanâ'î llamó a su obra *Ḥadîqat al-ḥaqîqa* (El jardín de la verdad). En él incluyó, a la par de conocidas anécdotas e instructivas disertaciones de todo tipo, algunos relatos educativos que siguen siendo de vital importancia en el sufismo hasta la actualidad. Entre ellos está el relato originario de la India en torno a los ciegos y el elefante, la más bella parábola sobre la incapacidad de los seres humanos para "comprender" (¡en el verdadero sentido de la palabra!) lo divino en su totalidad, ya que cada uno juzga sólo en función de la minúscula porción a la que tiene acceso.

... todo aquel que una de sus partes palpaba
sólo percibía lo que su mano tanteaba.
¡Y cada uno se formaba una falsa imaginación
y su corazón ataba a una ilusión!
Cuando a la ciudad regresaron corriendo
en demasía se ufanaron presumiendo,
pues todos por la forma del animal preguntaban
y con atención sus dichos escuchaban.
Uno la oreja del elefante tocaba
y respondía al que la pregunta planteaba:
«¡La enorme bestia una forma tal tenía
tan grande y pesada, que un tapiz parecía!»
Y el que la trompa con su mano palpó

dijo: «Esto muy conocido me resultó:
¡Es largo como una tubería
tremendo y hueco en su mayoría!».
Quien tocó del elefante
con su mano la pata del gigante
expresó: «Tan fuerte y sólida es su forma,
como de una columna cónica la norma!».
Pues cada uno sólo una parte había tentado
y así a la confusión había sido llevado.
¡En inútiles fantasías enredados,
pobres idiotas en sacos atrapados!
¡Pues las criaturas a Dios no pueden conocer,
a Él la razón no logra acceder!

En contraposición con la magnífica lírica de Sanâ'î, la *Ḥadîqat al-ḥaqîqa* es algo árida; no obstante, su influencia fue enorme. En la misma región iraní oriental, en Nishapur, apenas un siglo más tarde aparece el poeta al que le debemos las más bellas alegorías místicas: Farîd ad-Dîn 'Aṭṭâr, "el droguista" (ver páginas 66 ss.).

Simultáneamente con Sanâ'î encontramos grandes pensadores sufíes en el oeste y el norte de Irán. La pequeña obra persa titulada *Sawâniḥ* (Ocurrencias), de Aḥmad al-Ghazzâlî (fallecido en 1126), hermano menor del ya mencionado Abû Ḥâmid al-Ghazzâlî, intenta descifrar los secretos del amor místico en un lenguaje infinitamente delicado, en palabras e imágenes que escapan a toda traducción reveladora. Así le canta al amor:

Es a la vez pájaro y nido,
es a la vez sujeto y cualidades,
a la vez ala y pluma,
a la vez aire y vuelo,
a la vez cazador y presa,

a la vez oración y orador,
a la vez buscador y buscado,
a la vez primero y último,
a la vez príncipe y súbdito,
a la vez espada y vaina,
es arbusto y también árbol,
es rama y también fruto,
es pájaro y nido.

Un tono análogamente sugerente tienen las obras de su amigo más joven, 'Ain al-Quḍât-i Hamâdânî, quien en 1131 pagó con su vida por sus teorías amorosas.

Vemos cómo la idea del amor adquiere una ubicación cada vez más preponderante dentro del sufismo; mientras la poesía temprana apenas si utiliza aquellas metáforas sensuales, muy pronto, empero, se desarrolló la idea de que la belleza absoluta e inalcanzable de Dios también puede reflejarse en un medio creado, puede resplandecer a través de un ser terrenal. Así un ser humano hermoso puede encender el alma. El amor nacido de ese modo es llamado "metafórico", pues, como dice el proverbio árabe, «la metáfora es el puente a la verdad», y la meta del aspirante es el amor absoluto, el amor a Dios. Resulta comprensible que los círculos ortodoxos no apreciaran tales ideas. Por mucho que los sufíes recalcaran que el amor metafórico debía conservar su castidad, esto no siempre era así, a pesar de que el profeta habría sentenciado: «Quien ama y se mantiene casto y muere, muere como mártir». La inclinación de algunos sufíes hacia jóvenes muchachos "imberbes" dio motivo a reiterados escándalos. «Mirar a los imberbes» es lo que se les solía reprochar a los sufíes. Pero éstos se remiten a una expresión atribuida al profeta Muḥammad, que habría dicho: «Yo he visto a mi Señor en la más bella forma», o sea reflejado o manifestado en la belleza de un ser humano, preferentemente de un mancebo, el cual en la tradición persa a veces todavía es provisto del atributo «con una gorra colocada al sesgo» (ése es el distintivo de un joven coqueto).

Todo el lenguaje metafórico de la poesía sufí de origen persa o nacida bajo influencia persa vive de semejante mística de la belleza. Por ello es innecesario buscar el sentido "acertado" de un poema persa o turco. El amado es humano y a la vez, como tal, hace referencia a la belleza absoluta de lo divino, como el único, eterno e indescriptible Dios; y el vino servido a los amantes es la embriagadora bebida del amor, pero también puede ser perfectamente el vino terrenal; pues, como dice Goethe en el *Diván de Oriente y Occidente*:

> *La palabra es un abanico…*

Es justamente esa oscilación entre ambos planos semánticos lo que constituye el atractivo de la poesía sufí clásica. Dado que la lengua persa, en la cual están escritos la mayoría de estos poemas, al igual que la turca, no posee géneros gramaticales, queda librado a la comprensión del lector si ve al ser amado como masculino o femenino, si es que no se desvía instantáneamente a la interpretación religiosa.

Sin embargo, cabe hacer una acotación: no hay que olvidar que la palabra árabe para "alma, mismidad", *nafs*, es femenina. Una mirada más profunda a las epopeyas clásicas y el lenguaje metafórico en general le da la sensación al lector de que el alma (del poeta) puede ser concebida como femenina: Zulaikhâ, quien añoraba tan apasionadamente al bello Yûsuf como insinúa la sura 12, ¿no es acaso la encarnación de la amante alma humana, que después de un largo sufrimiento llega finalmente a su meta, la unión con, o por lo menos la aproximación a la Belleza Eterna? Con ello el objeto masculino de la poesía amorosa adquiriría un significado más accesible para muchos lectores. Leamos lo que canta Jâmî (fallecido en 1492) en su epopeya *Yûsuf y Zulaikhâ* de la belleza absoluta, o sea divina:

Cual luna asomó su rostro de la camisa de Yûsuf
e hizo que Zulaikhâ destruyera su vida entera.
Y por doquier no aparece más que su belleza,
creándose un velo con "los amantes".
En todo velo que ves está el ocultamiento de ella,
y todo corazón se estremece, por estar a su servicio.
Sólo por el amor de Él tiene nuestro corazón su vida,
sólo por el amor de Él encuentra su felicidad el alma.
Un corazón que ama a aquéllos de primorosa presencia:
sabiendo o sin saberlo, en verdad le ama a Él...

Particularmente en la poesía sufí del subcontinente indio, el "alma de la novia" desempeña un papel central. Pero no hay que pasar por alto que también se utilizan otras metáforas para sugerir la relación inexpresable del alma amante con el Dios amado. Una de ellas es la historia verídica del Sulṭân Maḥmûd de Ghazna (que gobernó de 999 a 1030) y su oficial turco Ayâz, que ha inspirado un sinnúmero de versos; pues Maḥmûd en efecto tenía un profundo cariño por Ayâz, y en tales versos se convierte en símbolo de Dios, que se inclina lleno de amor y benevolencia hacia su esclavo Ayâz. Éste por su parte cumple virtuosamente con todas las obligaciones del esclavo amante y totalmente sumiso, demostrando que el rango más elevado que puede alcanzar el ser humano con su amor es el del obediente esclavo de Dios (ver página 15).

La sutil descripción del amor en las obras de Aḥmad al-Ghazzâlî, quien, cuando quería entrar en estado de éxtasis, colocaba una rosa entre él y su amado, tiene afinidad con las notas de un sufí de Shîrâz, Rûzbihân-i Baqlî, quien murió en 1209 a avanzada edad. Sus diarios místicos, las referencias a sus visiones y arrobamientos, son de una extraordinaria potencia, sumergiendo al lector en un mundo de nubes de rosas, ángeles danzantes y embeleso divino que es raro o hasta único en el sufismo.

Una noche vi algo que abrazaba a los cielos,
una luz púrpura, que refulgía como una perla.
Pregunté: «¿Qué es eso?» y me fue dicho:
«Es el manto de la gloria divina».
Frecuentemente contemplé la verdad divina –¡ella
es trascendente!– entre una tienda de rosas, un velo
de rosas y un mundo de rosas blancas y rojas.
Él vertió muchas rosas, perlas y rubíes sobre mí,
y bebí en abundancia del vino, cuyas vertientes
Él posee en la región de la santidad. Misterios de la
"extensión" (o sea de la conciencia cósmica)
ocurrieron entre Él y yo, y si alguien me hubiese visto
en ese estado, me habría acusado de falta de fe.

El hecho de que Rûzbihân, en su obra *'Abhar al-'âshiqîn* (El narciso de los amantes; Henry Corbin traduce "Le jasmin des Fidèles d'amour"), aluda a los secretos del amor casto y que en otra extensa obra comente exhaustivamente las expresiones teopáticas o paradojas, *shaṭḥ*, de los sufíes, lo convierte en uno de los más importantes representantes de la tradición sufí.

Para el lector interesado en el sufismo quizás el poeta de Shîrâz, redescubierto en las últimas décadas, sea menos conocido que un escritor de Nishapur en el noreste de Irán, casi contemporáneo de Rûzbihân. Se trata del ya mencionado Farîd ad-Dîn 'Aṭṭâr (fallecido probablemente en 1221). Su *Tadhkirat al-auliyâ'*, que contiene las biografías de cerca de cien de los primeros amigos de Dios, se ha constituido desde su divulgación en una importante fuente para nuestro conocimiento del sufismo; innumerables escritores en el ámbito islámico oriental han abrevado en esas biografías, a pesar de que las mismas de ningún modo son científicamente correctas, pues antes de 'Aṭṭâr ya hubo toda una serie de voluminosas obras hagiográficas que tratan de los primeros maestros, sus vidas y sus enseñanzas. La *Tadhkira* es una de las primeras obras persas de este tipo. La colección final en lengua persa se titula *Nafaḥât al-uns* (Soplos de confianza), y es de Jâmî (fallecido en 1492); se trata de una reelaboración de las notas biográficas de 'Abdallâh-i Anṣârî, que a su vez están basadas sobre una obra árabe de as-Sulamî (fallecido en 1021). En los diversos países islámicos surgió luego una gran cantidad de colecciones, en parte muy voluminosas, sobre el modo de obrar de los amigos de Dios, ante todo de aquéllos del ámbito local. Y esa literatura sigue vigente hasta nuestros días. Pero aun cuando la *Tadhkira* de 'Aṭṭâr constituyó una fuente sumamente importante para los mismos sufíes –así como para los investigadores occidentales del sufismo–, con todo su fama se deriva más de su poesía. Sus poemas líricos son deliciosos y a menudo originales, preanunciando algunas de las características de la poesía sufí de siglos posteriores. Sin embargo, su mayor gloria la conquistó con sus epopeyas, ante todo su *Manṭiq aṭ-ṭair* (Diálogos de aves). Las aves son animales del alma y aparecen desde un comienzo en la literatura islámica. ¿Acaso no hablaba con los pájaros el rey y profeta Salomón, dominando su lenguaje, el *manṭiq aṭ-ṭair*? (sura 27, 16). Sanâ'î ya había inventado un "rosario de las aves", un largo y complicado poema. Tanto Avicena (fallecido en 1037) como también al-Ghazzâlî compusieron una *risâlat aṭ-ṭair*, una "Epístola sobre las aves". 'Aṭṭâr relata cómo la abubilla, Hud'hud, del Corán (sura 27, 20ss.), conocida como mensajero de amor entre Salomón y la reina de Saba, convoca a los pájaros a acompañarla en la búsqueda del rey de las aves, el Sîmurgh. En un diálogo el autor describe los argumentos que esgrimen los pájaros contra un viaje de esa índole (o sea que ellos se niegan, con miles de excusas, a abandonar la vida normal y emprender la senda mística). La abubilla intenta convencerles con numerosas historias, y finalmente emprenden el viaje a través de los siete valles tenebrosos.

Al llegar a destino, los treinta pájaros que quedaron de la gran bandada inicial finalmente reconocen su inexplicable identidad con el dios-pájaro –ellos, los treinta pájaros, que en persa se denominan *sî murgh*, son sólo una especie de reflejo o sombra del *Sîmurgh*–. Con este juego de palabras –el más genial de la literatura persa– 'Aṭṭâr ha hecho referencia al misterio del aniquilamiento de la propia identidad y de la existencia en la divinidad. Resulta comprensible que esta epopeya haya despertado gran interés desde su difusión en Europa a través de la adaptación y traducción del orientalista francés Garcin de Tassy en el año 1860. Desde entonces ha sido adaptada reiteradamente, incluso como obra de teatro. La contrapartida del *Manṭiq aṭ-ṭair* es la descripción del camino hacia el interior en el *Muṣîbatnâma*, el "Libro de la tribulación", en el cual el poeta refiere el viaje interior del aspirante durante la clausura de cuarenta días; le pregunta a todo lo creado cuál es el camino hacia Dios y finalmente es guiado por el profeta Muḥammad al mar de su propia alma. Pues el Buscado y Anhelado no está fuera, sino en el corazón del aspirante:

Él no está en Jerusalén,
no está en La Meca,

como cantaría un siglo más tarde el cantor popular turco Yûnus Emre, en consonancia con innumerables místicos de Oriente y Occidente. ¿Acaso el buscador de Bagdad, que había soñado con un tesoro bajo un puente en El Cairo, no encuentra el tesoro al volver, en su propia casa en Bagdad?

A las dos epopeyas de 'Aṭṭâr que describen el sendero místico en sus dos posibilidades –el camino hacia arriba, a las resplandecientes alturas de la deslumbrante luz divina, o hacia abajo, a las ocultas profundidades del alma– se suma el *Ilâhînâma*, en el cual un rey intenta disuadir a sus seis hijos de sus estúpidos deseos, así como una serie de poemas épicos, cuya autenticidad no siempre ha sido comprobada.

'Aṭṭâr, quien en numerosas oportunidades intenta demostrar que su poesía no es del tipo de poesía de la cual el proverbio árabe afirma que «la mejor poesía es la más mentirosa», quiere mantenerse fiel a su profesión. Él, que es *'aṭṭâr*, comerciante en perfumes y remedios, o sea droguista, pretende, a través de sus palabras, envolver al nombre de Dios con el perfume de la poesía, «a Dios con un aroma agradable». Pero no se le hace justicia a 'Aṭṭâr si uno se limita únicamente al contenido de las historias, frecuentemente ingeniosas, graciosas y a veces también trágicas, que conforman la mayor parte de su obra, insertándose en un relato contextualizador. Justamente los capítulos introductorios de todas sus epopeyas son de una extraordinaria relevancia teológica. En ellos se glorifica la elevada posición del profeta, tal como se había desarrollado en el sufismo, en las más bellas imágenes poéticas, ya sea en descripciones de su viaje al cielo o bien en la historia de la creación, donde 'Aṭṭâr describe cómo, en la eternidad primigenia, la luz de Muḥammad, lo primero creado por Dios, desciende y asciende en los movimientos de la oración ritual, convirtiéndose así en el origen del rito central en el islam. Quien lee tales versos, los cuales, hasta donde yo sé, aún no han sido analizados teológicamente, puede formarse una idea de la veneración totalmente extraordinaria hacia Muḥammad que reinaba entre los sufíes del siglo XII. Aun cuando 'Aṭṭâr suele poner en boca de bufones y locos comentarios críticos sobre Dios y el mundo, con todo está totalmente inmerso en la tradición islámica. Por cierto él sabe, al igual que otros poetas sufíes, que por encima de todo está el amor omnímodo de Dios, en el cual no hay espacio para credulidad o incredulidad. Existe una historia frecuentemente relatada en el mundo islámico acerca del shaikh Ṣan'ân, quien, asediado por su amor incontenible, «intercambia la corona de rosas por el cinturón de hereje», empleándose como pastor de cerdos de una cristiana a quien él ama de lejos, hasta que, por las fervorosas oraciones de sus discípulos, retorna a la verdadera fe. Esta historia demuestra que más allá de las formas externas se encuentra el amor que todo lo devora y todo lo transforma. Embriagado por él, el amante también dice cosas que mejor sería que nunca hubiese pronunciado. No es de extrañar que en la obra de 'Aṭṭâr desempeñe un papel central el místico mártir al-Ḥallâj; se dice que él habría iniciado "espiritualmente" al poeta. Él es una de las mejores demostraciones del principio del sufrimiento que está indisolublemente asociado al amor. No en vano una de las rimas más frecuentes que se encuentra en las epopeyas de 'Aṭṭâr es la de *mard*, "hombre de Dios", y *dard*, "dolor". El motivo del sufrimiento, de las ansias insaciables, forma el hilo conductor dentro de la policromía de las historias en la obra de 'Aṭṭâr. Este poeta es, según su propia definición de sí mismo, "la voz de la nostalgia".

Se dice que, poco antes de su muerte, 'Aṭṭâr conoció al joven Jalâl ad-Dîn, que junto con su padre y otros creyentes huía del territorio de Asia Central amenazado por los mongoles. Sin embargo, esto probablemente sea una leyenda, para vincular a los dos grandes maestros de la poesía mística persa. Según la tradición, Jalâl ad-Dîn nació en 1207, en Balkh, en el actual Afganistán. A él se debe en gran medida la creciente popularidad que ha tenido el sufismo en Occidente en los últimos años, pues las selecciones de su poesía en traducciones de segunda mano –por lo general no demasiado fieles– ganaron muchos adeptos, en especial en los Estados Unidos de América. Jalâl ad-Din-i Balkhî, más adelante conocido como "Rûmî" después de su larga estancia en Anatolia, el "país de los romanos", (Rûm), era hijo de un predicador, Bahâ'-i Walad. En sus diarios éste ha descrito o sugerido un tipo sumamente personal de mística, una extraña visión de la experiencia sensorial como señal de realidades espirituales o como manifestaciones de vivencias religiosas en las cuales participa todo su cuerpo. Para él el amor a Dios es como el amor de la mujer hacia el hombre. Habla de sorprendentes detalles de su relación extática con Dios, a tal punto que el editor persa de sus obras en algunas partes ha puesto puntos suspensivos en lugar de ciertas palabras. Su hijo Jalâl ad-Dîn más tarde recobraría muchas de sus ideas en forma poéticamente depurada.

La huída de Oriente llevó a la familia a través de Siria hasta Anatolia y finalmente a Konya, el antiguo Iconium, donde el Sulṭân selyúcida dio asilo a numerosos fugitivos de Asia Central. Casi simultáneamente con Bahâ'-i Walad también llegó a Konya Najm ad-Dîn Dâyâ Râzî de Irán, cuya obra *Mirṣâd al-'ibâd* (La atalaya de los adoradores de Dios) se habría de convertir en un importante manual del sufismo. Bahâ'-i Walad murió en Konya en 1231; su hijo le sucedió en la cátedra en una de las numerosas madrasas. Guiado por un discípulo de su padre se adentró en el sufismo, pero su transformación espiritual ocurrió por su encuentro con el misterioso derviche errante Shams-i Tabrîzî, a quien conoció en octubre de 1244 y quien despertó en él el fuego de un amor abrasador. Cabe recalcar que no se trataba del amor de un hombre por un hermoso mancebo, sino de una relación entre dos hombres maduros, que presumiblemente tenían casi la misma edad. Shams desapareció después de algún tiempo, y la separación convirtió a Jalâl ad-Dîn en un poeta, que sin querer y sin saber cómo, cantaba cientos de versos persas y también algunos poemas árabes, mientras giraba enajenado al son de la música. Shams finalmente fue encontrado en Damasco y conducido nuevamente a Konya por el hijo mayor de Rûmî, Sulṭân Walad; después de cerca de medio año Shams desapareció sin dejar rastro, asesinado por celosos discípulos de Rûmî, entre ellos el hijo menor de éste. Pero la unidad de almas entre Maulânâ, "nuestro Señor", (pronunciación turca *Mevlâna*) y Shams no pudo ser disuelta; los poemas que brotaban en siempre nuevos estallidos mencionan como su autor a Shams. Después de algún tiempo, Maulânâ encontró cierta calma en la amistad con el simple orfebre Ṣalâḥ ad-Dîn Zarkûb, un viejo conocido, con cuya hija él casó a su hijo mayor, Sulṭân Walad. Una tercera ola de inspiración se la debió a su discípulo favorito Ḥusâm ad-Dîn Chelebî, quien hacia fines del año 1256 le pidió que compusiera un poema didáctico para que sus discípulos no tuvieran que leer únicamente las epopeyas de Sanâ'î y 'Aṭṭâr. Así nació el *Mathnawî*, los "pareados místicos", cuya composición duró hasta la muerte de Mevlâna. El final es abierto. Pero una escena hacia el final del tomo VI permite reconocer que el poeta sabía que su camino llegaba a su fin, pues el gran monólogo de Zulaikhâ (*Mathnawî* VI, línea 4020ss.), quien en cada palabra que pronuncia esconde una referencia a su amado Yûsuf, reanuda el comentario de Rûmî a comienzos de la obra (I, 135-36), donde advierte a su curioso discípulo Ḥusâmaddîn:

Que nadie el secreto del amigo quiera descubrir,
¡tú el contenido de las historias has de oír!
¡En cuentos y leyendas de días del pasado
el secreto del amigo mejor se habrá expresado!

Ahora, al llegar al final de los casi 26.000 versos, el paciente lector toma conciencia de que todas las historias, todos los símbolos, se refieren de algún modo a Shams, cuya historia no le quiso contar abiertamente a su discípulo al comienzo.

Mevlâna murió el 17 de diciembre de 1273, llorado por los integrantes de todas las comunidades religiosas en Konya. Su hijo mayor, Sulṭân Walad, quien siempre se había sometido a la voluntad de su padre, primero dejó la dirección de la orden a cargo de Ḥusâmaddîn. A la muerte de éste en 1289 se hizo cargo personalmente, organizando los mevlevíes y ordenando exactamente el ritual del *samâ'*, la danza giratoria.

La lírica de Rûmî –unos 40.000 versos– en su mayor parte es inspirada. El lector y oyente se siente sorprendido y fascinado siempre de nuevo por la manera como el poeta encuentra en todas las cosas del mundo una alusión a Dios, al eterno Amado. Si alguna vez hubo un sufí que convirtiera las palabras del Corán: «Les mostraremos Nuestras señales en los horizontes y en ellos mismos» (sura 41, 53) en fundamento de sus reflexiones, ése es Mevlâna, pues para él todo se convirtió en señal de una verdad superior, sea el gusanito que ahueca lentamente el árbol, dejando sólo la corteza exterior (así como el amor se posesiona totalmente del ser humano, reduciéndolo sólo a su nombre o su forma); sea el «viento primaveral del amor», que despierta a los árboles y las flores del pesado sueño invernal, cuando el trueno toca la trompeta de la resurrección y la lluvia de la piedad anima al mundo inerte, el cual entonces es iluminado por el sol de la clemencia divina mientras los pájaros en las ramas cantan su alabanza a Dios... Alimentos y bebidas, juegos infantiles y oficios, todos ellos son para Rûmî símbolos de algo superior. Mientras sus versos permiten componer una viva imagen de una ciudad de Anatolia del siglo XIII, a la vez se percibe que cada palabra, incluso las historias, en parte bastante obscenas, son sólo alusiones a una verdad más elevada, hacia la cual él quería conducir a los seres humanos. Por ello su lírica y sus historias han conservado su frescura hasta hoy, porque también le llegan a aquellas personas que saben poco o nada de los fundamentos teóricos del sufismo. Incluso sus conciudadanos le reprochaban a Mevlâna que en su obra didáctica no mencionara las estaciones y estadios del sendero, no expusiera complicadas teorías, cantándole en cambio con sencillez a la experiencia omnímoda del amor; una experiencia, por cierto, que también puede ser sumamente dolorosa, que desgarra al ser humano como un león negro; que calcina todo lo que él posee o, como dice con una de sus grotescas metáforas, le arrebata su monedero como un asaltante de caminos, lo tortura como un verdugo y de vez en cuando le da un porrazo en la cabeza al raciocinio o hasta le hace ingerir opio... Si en las historias de 'Aṭṭâr el final a veces es abierto o los quejumbrosos protagonistas, los pobres y los locos, no reciben una respuesta positiva, consoladora, a sus lamentos, en ciertos casos las mismas historias contadas por Rûmî tienen un final alentador: el amor divino siempre se impone.

Para redondear un poco más la imagen se ha de mencionar que Mevlâna era un padre de familia cariñoso y un maestro de teología muy activo, que tuvo numerosos discípulos y discípulas y que se dedicaba intensamente a las necesidades de los pobres, tal como resulta de sus cartas. Como complemento de su poesía también se debería leer su obra en prosa *Fîhi mâ fîhi* (Del todo y del Uno).

La orden de los mevlevíes se difundió entre los miembros de las clases altas en el Imperio Otomano, aunque nunca sobrepasó sus fronteras. Los músicos y calígrafos se sintieron atraídos a unirse a esta orden. Después de la clausura de las órdenes por Atatürk en 1925, hasta el 17 de diciembre de 1954 no se volvió a celebrar oficialmente el aniversario de la muerte de Mevlâna. Fue todo un acontecimiento ver a los ancianos derviches volviendo a bailar juntos el *samâ'* por primera vez después de 29 años, reviviendo una vez más la antigua magia. Aquellos días en Konya pusieron de manifiesto cuán intenso es el amor de los turcos por "su" Mevlâna. Los festejos conmemorativos que se celebran anualmente en diciembre atraen a un número cada vez mayor de visitantes; muchos de ellos vienen de Europa o los Estados Unidos de América. El hecho de que se hayan formado diversas ramas de los modernos mevlevíes, e incluso un gremio, es típico de la evolución de las hermandades; tampoco ellas están siempre libres de ambición y ansias de poder. El gran problema radica en que en Turquía sólo pocos individuos están en condiciones de leer la obra de Mevlâna en su versión original persa, de manera que se debe recurrir a traducciones turcas no siempre muy logradas, en las que se pierde gran parte de la belleza del original. En tiempos otomanos al menos todavía había versiones turcas que conservaban la métrica y con ello la importante forma exterior del original.

La influencia espiritual de Rûmî se manifiesta en todo el mundo islámico de Oriente. Es así como Jâmî llama al *Mathnawî* el «Corán en lengua persa». La obra de Mevlâna era conocida en la India a partir de comienzos del siglo XIV. Ya a finales del siglo XV habría sido estudiada por los brahmanes en Bengala. (El persa era el idioma administrativo y literario del subcontinente dominado por musulmanes.) La cantidad de comentarios que fueron escritos sobre el *Mathnawî* en el subcontinente indio, de referencias a sus versos, ante todo al comienzo del *Mathnawî:*

Escucha el lamento de la flauta, relatando
y por el dolor de la separación llorando…

es incalculable, y no sólo en la literatura indo-persa y urdu de los poetas urbanos, sino también en las lenguas regionales como sindhi o punjabí, que serían prácticamente inimaginables sin esta obra. El hecho de que Rûmî se convirtiera, a comienzos del siglo XX, en inspirador del modernista indo-musulmán Muḥammad Iqbâl, revela que su pensamiento aún sigue vigente; Iqbâl (fallecido en 1938), que se doctoró en Alemania y fue un gran admirador de Goethe, descubrió en Rûmî la fuerza creadora del amor, que le pareció necesaria para la renovación de los musulmanes. Por ello despegó su propia obra de los cientos de comentarios escritos en el transcurso de los siglos siguiendo el espíritu del gran teósofo Ibn 'Arabî, y descubrió a Rûmî como su Khiḍr, el guía sobrenatural en el camino hacia Dios.

El *Mathnawî* de Rûmî siguió siendo por mucho tiempo el modelo para los poemas didácticos en persa, entre los que cabe mencionar ante todo las grandes obras de Jâmî (fallecido en 1492), que son denominadas *Haft Aurang* (Siete tronos); ése es el nombre persa de la constelación de la Osa Mayor, que tiene una significación particular en el sufismo, tal como surge de la literatura visionaria (de Rûzbihân-i Baqlî). Los "Siete tronos" de Jâmî contienen diferentes tipos de poesías; algunas están dedicadas especialmente a las descripciones de las prácticas de la orden Naqshbandí, a la que pertenecía el poeta (al igual que muchos de los más importantes sabios y artistas en la corte del sultán Ḥusain Baiqarâ de Herat). Entre sus epopeyas "románticas" es preciso resaltar *Yûsuf y Zulaikhâ*, que se considera como la más bella adaptación de la historia del Corán sobre José y la esposa de Putifar –un tema que le brindaba abundantes oportunidades al poeta para exponer sus ideas acerca de la interrelación entre la belleza eterna y la respuesta del corazón a esa belleza–, o sea el anhelo amoroso. Este himno al amor místico (manifestado en amor humano) a su vez ha inspirado docenas de epopeyas en las lenguas islámicas orientales, ya sea en turco, en sindhi o el bengalí. A la par de sus obras poéticas –el *Haft Aurang* y un extenso diván de sutiles versos líricos– Jâmî también escribió obras teóricas, en las cuales comenta la teosofía de Ibn 'Arabî. Ha sido llamado justificadamente el último poeta "clásico" de Persia.

El tema de la belleza y el amor no sólo fue tratado en adaptaciones más o menos parecidas de la temática de Yûsuf y Zulaikhâ, sino también en otras formas. Al respecto cabe mencionar una obra turca con el título *Hüsn u aşk*, "Belleza y amor", escrita por el shaikh mevleví de Estambul-Gálata, Ghâlib, a finales del siglo XVIII; en años recientes esta obra ha merecido numerosas interpretaciones y ha sido declarada precursora de la poesía moderna.

Un poema didáctico que sigue desempeñando un importante papel en la enseñanza de los sufíes hasta la actualidad es el *Gulshan-i râz* (El rosal del secreto), escrito por Shabistarî, fallecido en 1320. El poema que, como tantos otros, declara ser la respuesta a las preguntas de un amigo, trata todos los problemas que son relevantes para el aspirante: Dios, la situación del ser humano, experiencias religiosas y demás. En este contexto tiene especial importancia el comentario en prosa de este escueto poema, escrito por Lâhîjî un siglo y medio más tarde. Ese comentario contiene interesantísimas elucubraciones, en su mayor parte fundadas en experiencias propias del comentarista. Me refiero por ejemplo a la acotación de Lâhîjî acerca de la expresión de al-Ḥallâj *ana 'l-ḥaqq*, «Yo soy la Verdad Absoluta». La obra de Shabistari muy pronto atrajo la atención de los orientalistas europeos; una traducción del poema y de su comentario seguramente sería de utilidad para los estudiantes del sufismo.

No hay que olvidar que la poesía lírica en los idiomas del ámbito oriental dentro del mundo islámico se desarrolló en gran medida bajo la influencia de la lírica persa de orientación mística, adoptando su simbolismo. Es por ello por lo que, sin el conocimiento de los conceptos centrales del sufismo, como el amor, el aniquilamiento, la remembranza de Dios, y de la cosmovisión de los sufíes, no se puede entender plenamente ni disfrutar la poesía postmedieval, aun cuando se trate de versos absolutamente profanos.

5. ÓRDENES Y HERMANDADES. LA ORGANIZACIÓN DEL SUFISMO

Nos encontrábamos en el vestíbulo de un convento derviche en Gulbarga, en el sur de la India. El shaikh sacó un grueso rollo y lo desenrolló frente a nosotros. Tenía una extensión de cerca de diez metros en el suelo y estaba totalmente cubierto con una diminuta escritura, la cual seguía una línea central y numerosas derivaciones, formando una especie de árbol muy ramificado. En verdad se trataba de una *shajara*, un "árbol genealógico" de la orden. En él se encontraba registrada la línea principal desde el actual director del convento, pasando por sus antecesores, hasta los primeros "padres"; éstos a su vez se remontaban a Junaid (fallecido en 910) y algunos otros miembros, llegando hasta 'Alî ibn Abî Ṭâlib, el primo y yerno del profeta Muḥammad y finalmente al mismo profeta. Las ramificaciones mayores y menores eran subgrupos, conducidos por individuos que en el transcurso de los últimos 1400 años habían evolucionado en forma independiente.

El nexo de los sufíes con su padre primigenio, el profeta Muḥammad, es parte inalienable del sufismo, ya sea que, como en la mayoría de los casos, la cadena pase por 'Alî, o bien, como ocurre en unas pocas órdenes, por Abû Bakr, el primer sucesor (califa) de Muḥammad. Al estrechar la mano del maestro, el aspirante es incorporado a la cadena de sucesión viviente. Es importante que el carácter del maestro concuerde con la predisposición del discípulo, porque de lo contrario no podría actuar la sutil armonía de las almas que es la clave de la relación maestro-discípulo. Según tradiciones ancestrales, para la iniciación el aspirante recibía el manto hecho de remiendos, la *khirqa*, y un tocado diverso según la orden así como la instrucción de las fórmulas del *dhikr*. A veces también se le entrega un rosario o un *kashkûl*, un cuenco de mendigo.

Se distinguen varios tipos de iniciación; aquélla "por la bendición", cuando el discípulo se adhiere a un maestro para tener cierta participación en su poder de bendición, y la verdadera "declaración de voluntad", a través de la cual el *murîd*, "el que quiere algo", se pone plenamente en manos del maestro. En tiempos posteriores también se encuentran iniciaciones múltiples, para poder participar de la bendición de diferentes líneas de tradición. Incluso existe una iniciación puramente espiritual; el aspirante es guiado –en el sueño o una visión– por un maestro fallecido hace mucho tiempo. También puede ocurrir que Khiḍr, el guía inmortal de las almas, se le aparezca al aspirante y le señale el camino. Tales iniciaciones sin un guía humano se llaman *uwaisî*, en honor al pastor yemenita Uwais al-Qaranî, que se hizo musulmán en tiempos de Muḥammad, sin haber visto jamás al profeta.

En los comienzos la enseñanza era individual; el maestro por lo general tenía una profesión normal y sólo les dedicaba a sus discípulos parte de su tiempo. Eso fue cambiando a lo largo de la historia, debido a transformaciones políticas y sociales. Los primeros casos atestiguados de algo parecido a la fundación de una hermandad se remontan a Abû Sa'îd-i Abû 'l-Khair, quien murió en 1049 en Mihana, al sur de Turkmenistán, cerca de la actual frontera persa, después de haber reunido a su alrededor una considerable cantidad de discípulos, que seguían su senda, la *ṭarîqa*. Luego se fue desarrollando lentamente el "sistema de órdenes", como se lo llama a falta de una expresión mejor. El mismo adquirió su forma clásica a finales del siglo XII, cuando las agrupaciones sueltas se convirtieron en organizaciones estructuradas, las *ṭâ'ifas*.

El término "orden" o "hermandad" transmite una impresión errónea. Se trata de un grupo de personas que se reúne en torno a un maestro (*shaikh*, *pîr* o también *sajjâdanîshîn*, "el que está sentado sobre la alfombra de oración"), para ser instruidas por él e intentar llevar a la práctica sus ideales. A pesar de que intentan vivir aunque sea por un tiempo en un convento (*khânqâh, dargâh, zâwiya, tekke, ribâṭ*) y siguen las indicaciones del maestro, ni ellas ni el maestro están obligados al celibato. Incluso hay leyendas de que el profeta se le apareció en sueños a un sufí célibe recordándole que el matrimonio era su *sunna*, su práctica sagrada. No resultará sorprendente, pues, que algunos de los grandes líderes sufíes hayan tenido un gran número de hijos: 'Abd al-Qâdir al-Jîlânî tuvo 49 hijos varones, Aḥmad-i Jâm 41 hijos, de los cuales algunos más tarde continuaron dirigiendo la orden. Particular relevancia tiene, no obstante, el hecho de que ahora surgiera una especie de "tercera orden". Alrededor del círculo íntimo de los discípulos plenamente dedicados a seguir el sendero se congregó un creciente grupo de personas que necesitaban ser alentadas espiritualmente y buscaban la sabiduría y ayuda de un maestro. Para ellas eran importantes las breves permanencias en su proximidad, la concurrencia a las grandes festividades y la confianza en él en todas las crisis existenciales. Según las características y necesidades del aspirante que se confiaba al maestro, éste le daba determinadas letanías y oraciones u otros consejos para la vida espiritual, que el o la aspirante debía ejecutar regularmente en su casa. Esa tradición sigue viva hasta la actualidad y constituye el verdadero carácter de las *ṭarîqas*.

El maestro era y es objeto de una extraordinaria veneración; señal de ello es que en muchos lugares se habla de él en plural: en Asia Central se habla de *îshân*, "ellos"; algunos amigos de Dios se titulan *Auliyâ'*, "Amigos de Dios" o *Aḥrâr*, "Libres". Al dirigirse a un maestro o hablar de él, el verbo siempre es utilizado en plural.

La veneración del maestro no terminaba con la muerte de éste; por el contrario, el fallecido tiene un poder de bendición aún mayor que en vida. Así nació la costumbre de celebrar el aniversario de la muerte del fundador de la orden y más adelante también de guías espirituales destacados. La denominación *'urs*, "casamiento" o, como se dice en Turquía, *shab-i 'arûs*, "noche de bodas", para el aniversario de la muerte, demuestra que éste era considerado un momento de gran alegría; es que el alma (¡femenina!) del maestro se ha unido a su Amado Divino. Por ello un *'urs* no es un día de duelo, sino de conmemoración del amigo de Dios que ahora mora en dicha paradisíaca. Quien alguna vez haya participado de una de estas celebraciones –por ejemplo en la India o Pakistán– sabe que en ella cientos de miles de devotos suelen dedicarse en conjunto a orar, escuchar las enseñanzas del actual "poseedor de la alfombra de oración" o a gozar de la música religiosa. Se realizan algunos rituales que van cambiando según el carácter de la orden. Uno de ellos consiste en lavar el santuario –frecuentemente con agua perfumada–, encender velas y candiles, y no por último compartir alimentos y ante todo dulces con los presentes. En el mundo islámico la distribución de golosinas es equivalente a repartir bendiciones. Por ello es frecuente que el visitante de la tumba de un santo reciba algún dulce de regalo, sobre el cual ha sido pronunciada una *Fâtiḥa*, si alguien quiere cumplir o agradecer el cumplimiento de una promesa.

El hecho de que la mayoría de los conventos sufíes de mayor envergadura tuvieran una cocina abierta, donde diariamente se daba de comer a los pobres y viajeros, es parte de la práctica del sufismo; incluso se le ha adjudicado a esas cocinas un importante papel en la conversión, en especial de los hinduistas, a quienes su propia tradición prohibía comer en compañía de personas ajenas a su casta y aquí podían experimentar la comida –aunque fuera sólo un puñado de arroz– compartida entre todos.

Las fiestas de los santos son una parte importante del islam místico. Su policromía contrasta fuertemente con la austeridad del islam "oficial". Existen calendarios que señalan cuándo y dónde se celebra cada fiesta en particular. Los grandes festejos atraen a cientos de miles de visitantes. El *'urs* en Ajmîr es tan importante que para esa ocasión se abre para el tránsito ferroviario la frontera entre la India y Pakistán, que normalmente permanece clausurada.

Así como en el ámbito indo-pakistaní se puede ver a hinduistas participando de las fiestas de santos musulmanes, así también en los *maulid* ("cumpleaños") en Egipto hay cristianos coptos participando de la algarabía general; pues: «la ermita sufí une, la mezquita separa» (a los pertenecientes a diversas tradiciones religiosas).

La sepultura de un santo le otorga la bendición divina al lugar donde se encuentra y también tiene la función de prestar asilo; después del asesinato de Indira Gandhi en 1984, numerosos sikhs huyeron de la venganza de los hinduistas al santuario de Niẓâm ad-Dîn Auliyâ' en Delhi, sabiendo que allí estaban seguros.

Al abandonar el santuario no hay que darle la espalda; además hay que evitar pisar el umbral al ingresar; muchos devotos besan el umbral. Por otra parte también se erigen sepulturas ficticias o sitios conmemorativos para amigos de Dios (*maqâm*). Así se encuentran "tumbas" de un determinado devoto en siete o incluso más lugares distintos, uno en el Norte de África, otro en Bangla Desh...

Por todos lados se atan trocitos de tela en los barrotes de las ventanas o en árboles cercanos, para llamar la atención del amigo de Dios hacia el deseo del visitante. Cuando el deseo se ha cumplido, se debería desatar la cinta y cumplir la promesa; en el desierto pakistaní de Cholistán, por ejemplo, un hombre cuyo ruego por su hijo ha sido escuchado, bailará en el próximo *'urs* de cierto santo, vestido de mujer. Muchas veces se traen o encienden velas, aunque los devotos más modernos también suelen llevar bombillas eléctricas al santuario de Hacci Bayram en Ankara, al cual normalmente se le promete una escoba de tamujo; pues barrer un santuario es un servicio religioso. Frecuentemente se donan mantas para el féretro (se las puede comprar en las numerosas tiendecitas frente al santuario). Cuando se quiere honrar a un visitante se le entrega una de esas mantas o un trozo de ella *tabarrukan*, "como bendición". En la India y Pakistán las madres devotas conservan cuidadosamente esos trozos en el cofre del ajuar de sus hijas. Se arrojan flores sobre el ataúd y el visitante privilegiado puede tragar un puñado de tales rosas secas, ya que también ellas son portadoras de la bendición del santo.

Muchos amigos de Dios tienen determinadas especialidades: así como en el cristianismo, se invoca a San Antonio, para los objetos perdidos, a san Florián para la protección contra el fuego y a san Blas para las enfermedades de garganta, también encontramos santos especializados en el islam. Las sanaciones son potestad privilegiada de los amigos de Dios, pues el sufí debe tomar sobre sus espaldas el sufrimiento de sus congéneres. Existen numerosos relatos de maestros que han socorrido a sus discípulos en caso de enfermedad o peligro inminente, exteriorizándose y apareciendo en lugares muy distantes. Son especialmente frecuentes los centros sufíes en los que enfermos mentales esperan recuperarse; en un caso hay un amigo de Dios que cura las mordeduras de perros rabiosos, en otro, uno que es invocado en caso de mal de amores. Muy numerosos son también los sitios en los que los matrimonios piden ser bendecidos con hijos. A algunos amigos de Dios se les llevan exvotos muy especiales; así Ghôrê Shâh, en Lahore, recibe caballitos de arcilla que son vendidos a cientos en el cementerio. De todos modos los sepulcros de santos y en especial las celebraciones no sólo cumplen fines espirituales; los asistentes también comercian y se divierten –como en una feria en Europa.

Es comprensible que el islam oficial haya protestado siempre contra tales costumbres "paganas" que por otro lado existen en todas partes en el mundo –esos ritos que se contraponen con la estricta fe monoteísta y el rechazo de cualquier intermediario entre Dios y el ser humano no pertenecen al islam. ¡«Si encontrara un único verso del Corán al respecto, prohibiría todas esas peregrinaciones a las tumbas de los santos» escribió Shâh Walîyullâh (fallecido en 1762), cuando él mismo era miembro de cuatro órdenes sufíes!

El culto a los santos seguramente no se habría desarrollado tanto si sus fundamentos teóricos no se hubiesen establecido ya a comienzos del siglo x. En aquella época al-Ḥakîm at-Tirmidhî (fallecido en 932) escribió su obra sobre el "sello de la santidad", y un siglo y medio más tarde leemos en la obra de Hujwîrî (fallecido alrededor de 1072):

> Debéis saber que el principio y el fundamento del sufismo y de la gnosis de Dios están basados en la santidad.

Al-Tirmidhî, nacido cerca del actual límite afgano-uzbeco, desarrolló un sistema de clasificación de los amigos de Dios, compuesto por círculos concéntricos que se extienden desde la máxima autoridad, el *quṭb*, "polo, eje". Por otra parte, en este contexto deberíamos evitar usar la palabra "santos", pues el *walî Allâh* (*walî*, plural *auliyâ'*) no es un santo en el sentido cristiano. No es canonizado, sino que es, tal como denota la palabra, "un amigo íntimo de Dios", que está bajo la protección especial del Señor. «En verdad los amigos de Dios no son asaltados por ningún temor ni sienten tristeza», dice la sura 10, 63. Son personas tan especiales que merced a la gracia divina pueden llevar una vida ejemplar y así convertirse en guías para sus congéneres. At-Tirmidhî ha definido exactamente sus roles, y estos conceptos siguen desempeñando un papel importante en el sufismo: quien tenga amigos sufíes seguramente les habrá escuchado afirmar con orgullo que su maestro o este o aquel guía espiritual sin duda es el *quṭb*, el polo o el eje del mundo. Porque así como el mundo para girar tiene que tener un eje que conduce al centro, al polo, también el mundo espiritual tiene que tener un eje de tal índole que posibilite la relación con el centro de lo espiritual.

En torno al *quṭb* hay tres *nuqabâ'*, "sustitutos", luego siguen cuatro *autâd*, "estacas", siete *abrâr*, "devotos", cuarenta *abdâl*, "suplentes", y 300 *akhyâr*, "buenos". Los más importantes en el conjunto son los 40 *abdâl*, que en la tradición popular en cierta manera forman una unidad; sus nombres también aparecen en los nombres de sitios geográficos, como *Kırklareli*, "región de los cuarenta", en la Turquía europea.

Si muere un amigo de Dios en uno de los grupos, otro toma su lugar, de manera que el número de los verdaderos amigos de Dios se mantenga constante. La tarea de los *autâd* consiste en deambular por la Tierra, descubriendo errores y repartiendo bendiciones, ya que donde no llegan, ocurren desgracias.

Los amigos de Dios pueden realizar milagros, que son denominados *karâmât*, "milagros de benevolencia" (no obstante, al sufí se le advierte de que no le atribuya demasiada importancia a los milagros. «Los milagros son la menstruación de los hombres», dice un antiguo refrán sufí, pues desvían su atención de la pureza de sus intenciones). Pero los hombres santos se encuentran ocultos en el mundo: «Mis amigos están bajo Mis cúpulas» dice Dios en una frase extracoránica. Por ello hay que ser cuidadoso al tratar con otras personas. ¿Acaso el mendigo en la esquina o el anciano aparentemente inútil no podría ser uno de los amigos ocultos de Dios, cuya maldición (¡porque también eso existe!) puede acarrear graves infortunios, pero cuya breve mirada en cambio puede brindar santidad y felicidad?

Más de una vez se atribuye un desastre político a la ira de un santo que ha sido ofendido o no ha sido bastante venerado por un gobernante…

Las primeras iniciativas para la formación de hermandades después de los tiempos de Abû Sa'îd datan del siglo XII. Abû Najîb as-Suhrawardî (fallecido en 1165), un devoto del norte de Irán, escribió un librito sobre el buen comportamiento de los discípulos, *Âdâb al-murîdîn*, que expone sucintamente y sin exageraciones los ideales de la actitud de vida sufí. Fue su sobrino Abû Ḥafṣ 'Umar as-Suhrawardî (fallecido en 1234), líder de un grupo de buscadores, quien fue autor de una gran obra sobre los "dones de gracia de la gnosis". Ésta habría de convertirse en una especie de enciclopedia del sufismo austero, que se sigue utilizando hasta hoy. Abû Ḥafṣ no era en modo alguno un asceta alejado del mundo, sino un buen organizador. En virtud de ello el califa 'abbâsí an-Nâṣir (en el poder de 1180 a 1225), quien hizo un último intento de aprovechar positivamente su papel como califa, lo mandó como enviado especial a conferenciar con los soberanos musulmanes de los países vecinos, para promover una especie de alianza espiritual sobre fundamentos religiosos. Ésta era particularmente necesaria, dado que en aquellos años los mongoles de Asia Central comenzaban a movilizarse para invadir, pocos años después, la región islámica central y oriental, sembrando la destrucción. As-Suhrawardî representa el tipo de líder sufí que no se aparta de su responsabilidad política. Eso es algo nuevo en la historia del sufismo; pues a los primeros sufíes por lo general toda colaboración con el gobierno les parecía sospechosa, incluso prohibida: los alimentos provenientes de la casa de un gobernante eran considerados impuros por algunos; para otros "ir a la puerta del Sulṭân" significaba "ir a la puerta de satán". Esa actitud perduró después en diferentes *ṭarîqas*; pero la Suhrawardîyya se mantuvo fiel a sus ideales prácticos. Uno de los más destacados discípulos de Abû Ḥafṣ fue Bahâ' ad-Dîn Zakariyâ, quien, proveniente de Multán en el sur del Punjab, en el actual Pakistán, se trasladó a Bagdad y, al volver a su lugar de origen, puso en práctica allí las ideas de su maestro. Sus descendientes siguen hasta hoy en posesión de la *sajjâda* de la orden en Pakistán. Desde la Edad Media han tenido una participación nada despreciable en las decisiones políticas. Todavía el recientemente fallecido Makhdûm Ṣâḥib de Multán fue durante algún tiempo gobernador del Punjab. En aquellas épocas remotas, los sufíes suhrawardíes también llegaron a Bengala, que acababa de ser conquistada por los musulmanes (1206); la familia as-Suhrawardî ha desempeñado durante siglos un importante papel político en esa parte del subcontinente. A lo largo de la historia del subcontinente aparecen numerosos integrantes de la familia distinguidos por su fidelidad a la ley y sus intereses teológicos.

Bahâ' ad-Dîn Zakariyâ de Multán era un rico hacendado, y la Suhrawardîyya rechazaba la poesía y la música. Con todo, en su corte vivía uno de los sufíes más extáticos del siglo XIII, Fakhr ad-Dîn-i 'Irâqî (fallecido en 1289), que expresaba su amor a Dios en exaltados versos persas. Convencido de la autenticidad de su experiencia mística, el maestro le permitía conservar su estilo de vida. Eso es típico del auténtico maestro; él sabe cuál es el camino correcto para el *murîd* aunque sea diametralmente opuesto a su propio ideal; pues «los caminos hacia Dios son tan numerosos como las respiraciones de los seres humanos». Así la diversidad de los seres humanos también se refleja en la diversidad de los caracteres de los maestros sufíes. Al respecto no sólo hay diferencias de personalidad, sino también variaciones locales o discrepancias en la actitud frente a la propiedad, a las mujeres y otros temas. Esto se refleja particularmente en la relación amistosa entre Bahâ' ad-Dîn Zakariyâ y Lâl Shahbâz Qalandar, el "Halcón Rojo". El santuario de Lâl Shahbâz Qalandar en Sehwan, a orillas del Indo, es, hasta la actualidad, un centro de culto extático en el cual aún se perpetúa el carácter original de Sehwan, un antiquísimo santuario de Shiva. La canción originaria de allí, *Mast Qalandar,* con su ritmo arrebatador se ha convertido en un *hit* durante la década del setenta en Pakistán y aún sigue encantando a quien la escuche, sea cual fuere su procedencia.

El tercer gran sufí de esa época fue Farîd ad-Dîn Shakkarganj ("tesoro de azúcar"), que vivió en el Punjab, en Pakpattan, y también mantenía buenas relaciones de vecino con Bahâ' ad-Dîn, a pesar de que su camino representa otro aspecto diferente del sufismo. Farîd ad-Dîn pertenecía a la orden Chishtí, cuyo principal representante, Mu'în ad-Dîn, había llegado a la India a fines del siglo XII, radicándose en Ajmîr, recientemente conquistada por los musulmanes, en el estado de Rajastán, donde murió en 1236. Casi simultáneamente con él se estableció en Delhi un maestro Chishtí de Asia Central, Bakhtiyâr Kâkî. La ciudad se había convertido, desde 1204, en centro del islam de la India septentrional. Aún hoy se puede escuchar cerca de su mausoleo en Mehrauli-Delhi la leyenda de cómo, al escuchar un verso persa, estuvo tres días entre la vida y la muerte:

A aquéllos que fueron matados por el puñal de la entrega
nueva vida les viene del mundo invisible.

Cuando el cantor finalmente se limitó a recitar únicamente la primera mitad del verso, el alma de Bakhtiyâr se habría desprendido de este mundo. Esta leyenda ya refleja que los Chishtíes tenían un estilo de vida diferente que los Suhrawardíes: amaban la música y la poesía, y le otorgaban a la música un lugar importante en sus vidas. Es a un admirador del gran maestro de Delhi Niẓâm ad-Dîn Auliyâ', el poeta Amîr Khusrau (fallecido en 1325), a quien se le atribuye el desarrollo de la música indostaní como aún se la puede disfrutar en *qawwâlîs* (eventos de música religiosa).

A diferencia de los Suhrawardíes, los Chishtíes se mantuvieron fieles al antiguo ideal ascético. Vivían de aquello que recibían como ofrendas misericordiosas (*futûḥ*) y no poseían riqueza ni influencia política, por lo menos en los primeros tiempos. En el convento de Farîd ad-Dîn en Pakpattan reinaba una extrema pobreza. Los derviches, que convivían en un ambiente común, apenas tenían lo necesario para sobrevivir. A pesar de ello (o quizás justamente por ello), Pakpattan se convirtió en punto de atracción para muchos que, provenientes de Delhi, Lahore u otros sitios, buscaban ayuda espiritual, volviendo reconfortados de aquel modesto lugar. En tiempos del soberano mongol Akbar (en el poder de 1556 a 1605), sin embargo, los santuarios chishtíes como Ajmîr y Fatḥpur Sîkri, adquirieron un nuevo significado, y su culto permaneció vinculado a la dominación mongol.

La orden ha conservado a través de los siglos su amor por la música; los derviches, vestidos con túnicas en tonos de color canela hasta ocre, han extendido el ámbito de influencia de su orden a todo el subcontinente y finalmente también han llevado una versión modernizada de su orden a Europa y los Estados Unidos. La orden sufí de 'Inâyat Khân y de su hijo Wilâyat Khân nació de esa tradición y anuncia amor y entrega, que son provocados e intensificados por la música. Al respecto pierde importancia el componente islámico; también Mu'în ad-Dîn Chishtî permitía la iniciación de no-musulmanes, lo cual no era permitido por la Suhrawardîyya.

Las órdenes mencionadas no eran, naturalmente, las únicas que se desarrollaron en la India; de tiempos un poco más cercanos cabe mencionar la Shaṭṭâriyya, cuyos maestros –como Muḥammad Ghauth Gwaliori (fallecido en 1562)– incorporaron creencias hinduistas y también se servían de prácticas mágicas; la obra del místico mencionado, llamada "Las cinco joyas", es una intrincada trama de mística, astrología y prácticas cabalistas; ha tenido una fuerte influencia sobre el sufismo popular ante todo del sur de la India.

En el origen de muchas *ṭarîqas* a finales del siglo XII y a comienzos del siglo XIII seguramente desempeñó un papel la paralización del aspecto teológico y jurídico del islam; aun el gran al-Ghazzâlî había renunciado a su cátedra en la mejor universidad del mundo islámico, porque le torturaba la idea de que los eruditos, que «conocían los más sutiles detalles de las leyes de divorcio, no habían experimentado el amor vivo hacia Dios». Presuntamente se encontraba cerrada la "puerta de la investigación libre" en las ciencias teológicas y jurídicas. También fueron desplazados ciertos movimientos, estigmatizados como heterodoxos, que tenían rasgos marcadamente místicos (como por ejemplo los ismâ'îlíes). Muchas personas anhelaban una aproximación más emocional a la religión, y por ello respondieron a la convocatoria de algunos grandes predicadores, que les acercaban las verdades del Corán en forma interiorizada.

El más famoso entre ellos fue 'Abd al-Qâdir al-Jîlânî, un predicador de la más severa de las cuatro escuelas de derecho, la de los ḥanbalíes. Después de años de reclusión en el desierto iraquí, llegó a Bagdad, donde murió en 1166. Tiene que haber sido una figura carismática; Ibn 'Arabî, nacido un año antes de la muerte de aquél, le alaba en términos superlativos. El grupo que se reunió a su alrededor se convirtió en núcleo de una hermandad que, como *Qâdiriyya*, llegó a todos los países islámicos y tiene adeptos desde el sur de la India hasta África Occidental. El tipo de religiosidad que ella representa gana adeptos fácilmente, ya que desconoce los extremos; el *dhikr* consta de la primera mitad de la profesión de fe. 'Abd al-Qâdir se convirtió en uno de los amigos de Dios más venerados. En algunas regiones de Pakistán, el cuarto mes lunar, en cuyo día once cae el aniversario de su muerte, simplemente es llamado "once". Mientras allí, en los siglos XVII y XVIII, una serie de importantes poetas populares pertenecían a la orden, el historiador inmediatamente pensará en el Emir 'Abd al-Qâdir de Argelia (fallecido en 1883), cuya guerra por la libertad contra los franceses demostró cuán vigente sigue siendo el espíritu de la *Qâdiriyya* incluso en épocas modernas.

Un poco después que 'Abd al-Qâdir vivió, también en Irak, Aḥmad ar-Rifâ'î. Sus seguidores son conocidos como los "derviches aulladores", porque practican un *dhikr* en voz alta. Por razones no del todo claras, los rifâ'íes se han hecho conocidos ante todo por sus extrañas proezas, como comer vidrio, sacarse los ojos de las órbitas y otras más; sin embargo, los hagiógrafos constatan que esto de ninguna manera se corresponde con el carácter fundacional de la hermandad. Por otro lado, en algunas hermandades de la India también existen manifestaciones paranormales similares.

En el siglo XIII, las órdenes adquieren mayor poderío aún que a finales del siglo XII. Era la época en que los mongoles destruyeron extensas regiones del mundo islámico central y occidental. En 1258 ajusticiaron en Bagdad al último califa 'abaâsí. El siglo XIII es en todas partes el período de los movimientos místicos. En Europa aparecen el Maestro Eckhart y Mechthild de Magdeburgo, en la India comienza el movimiento *bhakti* y en el budismo japonés está Nichiren. Por cierto, algunos especialistas tienden a denominar sencillamente como escapismo el florecimiento de corrientes místicas en ese tiempo políticamente tumultuoso, una huída, frente a la devastación y los horrores de la guerra, hacia un mundo irreal (o aparentemente irreal).

Sea como fuere, en aquel tiempo cristalizó una gran cantidad de nuevas órdenes. En Egipto no sólo surge la rústica Aḥmadiyya-Badawiyya, que se concentró en Ṭanṭâ y celebraba sus fiestas en coincidencia con el calendario copto (o sea, la crecida del Nilo), sino también la Shâdhiliyya, que se formó sobre la base de los ideales propagados por el sufí norteafricano Abû Madyan (fallecido en 1197). Ash-Shâdhilî (fallecido en 1258) es particularmente conocido por su oración de protección, el llamado *ḥizb al-baḥr*. Justamente el legado literario de la "austera" orden Shâdhiliyya es lo que perdura hasta hoy: los *Ḥikam* (aforismos de sabiduría) de Ibn 'Aṭâ' Allâh (fallecido en 1309) son una colección de sentencias y oraciones en exquisita lengua árabe, de la cual un sufí dijo: «Si en el rezo ritual se pudiera recitar un texto diferente al Corán, yo recitaría los *Ḥikam* de Ibn 'Aṭâ' Allâh». Esta pequeña colección de palabras confortadoras fue leída y comentada desde el Norte de África hasta la India, ubicándose entre los grandes clásicos de la literatura religiosa. Como ocurre en todas las órdenes, de la Shâdhiliyya surgieron nuevos agrupamientos, entre los cuales la Darqawiyya ha ganado numerosos adeptos en Europa y Estados Unidos en las últimas décadas.

Eso también es válido para la Dasûqiyya, cuya forma llamada Burhâniyya o Burhâmiyya es especialmente activa en Sudán. Las diferencias son difíciles de definir, pues la evolución por lo general depende de la iniciativa de un hombre.

Con la Shâdhiliyya también está emparentada la Juzûliyya, proveniente de Marruecos. Allí al-Juzûlî, fallecido en 1495, dio origen a sus palabras de bendición para el profeta, los *Dalâ'il al-khairât*, que se convirtieron en un manual para la veneración del profeta, a cuya recitación se dedica devotamente un grupo de fieles en Marrakech. Con el correr del tiempo, la figura del profeta se fue convirtiendo cada vez más en centro de toda devoción. La idea de que él fue lo primero que fue creado por Dios y que el final del camino es el "aniquilamiento en el profeta" vuelve a aparecer a lo largo de toda la historia del sufismo. A modo de ejemplo se puede leer el relato que brinda un sufí hindú, Mîr Dard (fallecido en 1785) de su ascenso a través de las esencias de todos los profetas, desde Adán a Jesús, hasta alcanzar el *fanâ' fi 'r-rasûl*, el "aniquilamiento en el profeta", fusionándose con la *ḥaqîqa muḥammadiyya*, la "realidad de Muḥammad". De tal manera, la diferencia entre dos maestros sufíes también puede explicarse diciendo que uno está «en el nivel de Moisés y el otro en el nivel de Khiḍr», el enigmático guía espiritual.

Entre las numerosas hermandades que nacieron en el siglo XIII, la más conocida es la Mevleviyya, cuyo nombre se deriva de Maulânâ ("nuestro Señor", pronunciación turca Mevlâna) Jalâl ad-Dîn ar-Rûmî, el poeta extático (ver páginas 60ss.). Rûmî tenía gran cantidad de admiradores y admiradoras; sin embargo no creó una organización. Esa tarea quedó en manos de su hijo mayor y segundo sucesor, Sulṭân Walad (fallecido en 1312). Éste organizó el ritual; el discípulo debía sobrellevar 1001 días de servicio en la cocina, ascendiendo lentamente a tareas más elevadas; simultáneamente era introducido en la lectura e interpretación del *Mathnawî* y aprendía la difícil técnica del giro. Cuando estaba "cocinado" –tal es el término técnico– podía convertirse en miembro pleno de la orden y participar del *sema'*, la danza ritual que por lo general se realizaba después de la oración del viernes. Ese ritual está reglado hasta en sus más mínimos detalles: el avance con pasos lentos, la triple reverencia frente al maestro, el movimiento de quitarse los mantones negros, dejando a la vista las túnicas blancas que de algún modo simbolizan el cuerpo resucitado, el desplegar los brazos cruzados sobre el pecho, dejando la derecha abierta hacia el cielo y la izquierda dirigida hacia la tierra: así debe recibirse la bendición de Dios, transmitiéndola a otros. El derviche gira sobre el pie izquierdo en sentido contrario a las agujas del reloj. El *sema'* consta de cuatro partes, que simbolizan el aniquilamiento en el amor y, en la última parte, que es breve, el retorno a este mundo. Una oración de bendición y el prolongado *Hûûû* ("Él") constituyen el final. Docenas de melodías han sido escritas para este ritual, que comienza con la alabanza del profeta Muḥammad y jamás deja de conmover a los espectadores, si bien en la actualidad lamentablemente se ha convertido en atracción turística. Rûmî también tenía discípulas, que realizaban su propio *sema'*; sin embargo para él hubiera sido inconcebible un grupo mixto ejecutando el *sema'*.

Así como la orden chishtí en la India jamás se extendió más allá del subcontinente, así también la Mevleviyya permaneció limitada al territorio del antiguo Imperio Otomano (incluyendo a Siria y Egipto).

A la par de la Mevleviyya se desarrollaron otras hermandades en Turquía. Maestros provenientes de la tradición árabe o de Asia Central formaron centros en el país, ante todo naturalmente en Estambul, convertida en capital desde 1453. De ese modo el espectro de las órdenes pronto se extendía desde las más antiguas, como la Qâdiriyya, Rifâ'iyya y Shâdhiliyya, hasta la Khalwatiyya, proveniente de Azerbaiyán, la cual también se asentó en Egipto (que desde 1517 era parte del Imperio Otomano) y entre cuyos más prominentes representantes turcos está el poeta Niyâzî Miṣrî (fallecido en 1694). De allí surgió luego la Jarrâḥiyya.

Una orden particularmente interesante es la Bektashiyya, cuya creación se adjudica a Hacci Bektash, fallecido en 1337 (?). En ella también se admiten mujeres en los rituales, lo cual naturalmente le ha dado fama de inmoralidad a la orden. El escritor turco Yakup Kadri (Karaosmanoğlu), en su novela *Nûr Bâbâ*, publicada en 1922 y traducida al alemán como *La llama y la mariposa*, ha trazado una imagen irónica de los artilugios de seducción de un joven y atractivo shaikh bektashí de Estambul. La Bektashiyya ha incorporado numerosos elementos chiítas. En cuanto a la doctrina, se halla próxima a las enseñanzas de Ibn 'Arabî. El movimiento de los ḥurûfíes, «los que se dedican a la interpretación esotérica de las letras árabes», nacido en Irán a fines del siglo XIV, también ha influenciado a los bektashíes, quienes utilizan muchas imágenes formadas a partir de la escritura árabe. El trazo de los nombres de los "cinco" (Muḥammad, 'Alî, Fátima, Ḥasan y Ḥusain, a veces completados con el de "Allâh") se usa para representar rostros humanos, las fórmulas religiosas se transforman en figuras de animales, etc. Los bektashíes se convirtieron en los asesores espirituales de las tropas de elite del Imperio Otomano, los jenízaros. Así se expandieron especialmente en las provincias balcánicas del imperio, donde aún hoy se encuentran adeptos de su movimiento. En particular toda Albania fue forjada casi exclusivamente por el bektashismo. La caída de los díscolos jenízaros en 1826 le hizo un enorme daño a la orden; más tarde, en el siglo XIX, se produjo una cierta renovación. Actualmente la literatura y el folklore turcos aún están llenos de anécdotas y bromas bektashíes. La encantadora poesía popular de los bektashíes y los poemas de Yûnus Emre (ver página 106) por ellos cultivados siguen gozando de gran popularidad.

En este contexto no hay que olvidar a un rebelde sufí perteneciente a otra tradición mística; se trata del teólogo e inteligente intérprete de Ibn 'Arabî, Badr ad-Dîn, hijo del cadí de Simawnâ, quien promovió la cooperación entre musulmanes y cristianos y se rebeló contra el Sulṭân Mehmet I; fue ahorcado en el año 1415 en Serez, en Macedonia. Su personalidad inspiró al poeta comunista turco Nazim Hikmet (fallecido en 1964) a componer conmovedores poemas.

Las órdenes sufíes se extendieron por todo el Imperio Otomano. Una serie de sultanes otomanos, entre ellos 'Abd al-Ḥamîd II (que gobernó de 1876 a 1909), eran iniciados en una o varias órdenes.

De particular importancia no sólo en Turquía, sino en todas partes en el mundo islámico, fue y es la Naqshbandiyya, proveniente de Asia Central, que ahora también tiene numerosos seguidores en Europa. La misma se remonta a Bahâ' ad-Dîn Naqshband, fallecido en 1389 en Bujara, Uzbekistán, quien incorporó tradiciones más antiguas del Asia Central. Formó una *ṭarîqa*, que hacia fuera no presenta espectaculares rituales o actos milagrosos. En cambio tiene el siguiente lema: «La mano en el trabajo, el corazón con el amigo (divino)». Siguiendo la sura 70, 37, el creyente debe permanecer "en permanente oración", aun cuando se encuentre realizando sus quehaceres aparentemente terrenales. Según una de las ocho reglas de la orden, debe practicar la *khalwat dar anjuman*, la "soledad en la aglomeración", o sea estar siempre con Dios, incluso en la vida cotidiana. Los naqshbandíes sostienen que ellos comienzan donde las demás órdenes terminan, pues no imponen un ascetismo severo, mendicidad o la total autodenigración, tal como se exige en la fase inicial en algunas órdenes tradicionales, sino que ponen el énfasis en la educación espiritual del discípulo. Al respecto el papel decisivo lo desempeña la concentración intensiva en el maestro; en cierta manera el maestro y el discípulo tienen que estar en la misma longitud de onda, o sea en permanente comunicación. El *dhikr* es silencioso, y el discípulo aprende a desarrollar lentamente la remembranza de Dios a través de los siete puntos sutiles, ubicados en diferentes lugares del cuerpo, y se va sensibilizando progresivamente, hasta que el *dhikr* invade toda su persona.

Los naqshbandíes han desempeñado un importante papel a finales del siglo XV. El que entonces era su maestro, Khwâja Aḥrâr (fallecido en 1490), era el verdadero soberano de Asia Central. Por medio de los soberanos mongoles llegaron a la India algunos miembros de la orden. Uno de sus líderes, Aḥmad Sirhindî (fallecido en 1624), honrado como "Renovador del segundo milenio" (de la hégira), fue quien se opuso, a través de sus cartas, al sincretismo del emperador Akbar, para retornar a un islam puro, prácticamente "fundamentalista". El reformador afirmaba ser el *qayyûm* de su tiempo, o sea haber alcanzado un rango que es más elevado aún que el del *quṭb* (ver página 85). Se cree que el *qayyûm* es quien guía los destinos del universo.

La Naqshbandiyya de la India evolucionó para convertirse en el transcurso del siglo XVIII en una serie de movimientos de modernización, entre ellos la *ṭarîqa muḥammadiyya*, "el sendero de Muḥammad", que se acoge plenamente al ejemplo del profeta y en la India lucha ante todo contra la aculturación debida al poderío colonial británico. (Dicho sea de paso, también en el ámbito de otras órdenes sufíes aparecieron movimientos denominados *ṭarîqa muḥammadiyya* y casi todos se oponen a la creciente influencia de la colonización occidental.)

Se desarrollaron centros naqshbandíes desde Malasia hasta el Cáucaso: los sufíes en Daguestán y Chechenia pertenecen a esta orientación. El nombre de Shâmil, quien murió en 1871 después de una infatigable lucha contra la rusificación de su patria daguestana, es conocido en el mundo entero; gracias a él, la Naqshbandiyya pasó a ser parte integrante de la vida política del Cáucaso. El hecho de que los naqshbandíes, en parte en colaboración con los qâdiríes, en la época de la dominación soviética secretamente mantuvieran vivas las tradiciones religiosas en Asia Central, demuestra cuán importante era su rol; el "*dhikr* silencioso" de la orden hacía que las fuerzas estatales tuvieran muchas dificultades en descubrirlos.

Otra orden proveniente de Asia Central es la Kubrawiyya, fundada por Najm ad-Dîn Kubrà, asesinado en 1221 por los mongoles. Éste ha dado una interpretación del sendero sufí sumamente sutil en cuanto a lo psicológico: el discípulo debe prestar atención a las visiones de luces de colores para reconocer el lugar en el que se encuentra. La séptima y última estación a la que llega, después de haber atravesado los estratos de los seis grandes profetas y haber traspasado la estación de Jesús, el "negro brillante" del aniquilamiento, es el verde esmeralda, el color de Muḥammad. Al regresar al mundo después de ello, encontrará que la abigarrada abundancia de fenómenos está compenetrada por una nueva luz.

La Kubrawiyya también llegó a la India; 'Alî-yi Hamâdânî (fallecido en 1385) actuó como su más destacado representante en Cachemira. A pesar de que muchos de los primeros sufíes provenían de Irán, las líneas de la mayoría de los fundadores de órdenes de ese origen, como las de as-Suhrawardî o 'Abd al-Qâdir al-Jîlânî, se esparcieron por todo el ámbito islámico. Pero también la dinastía Safawí, que llegó al poder en 1501 y convirtió en religión estatal la forma chiíta del islam, provenía de un convento sufí, el de Ardabil. Es significativo que el shâh Ismâ'îl I (que gobernó de 1501 a 1524) en la bibliografía árabe siempre sea llamado "el Sufí". También hay obras europeas de los siglos XVI y XVII que llaman "Sophi" al soberano de Irán. Pero a pesar de que varias órdenes tenían tendencias chiítas (ya mencionamos a los bektashíes, y también se podrían agregar formas hindúes mixtas), en Irán sólo se desarrollaron unas pocas hermandades independientes después de 1500. Las similitudes entre los chiítas con su inquebrantable fe en la infalibilidad del imán y la total entrega del sufí a su Pîr han sido señaladas reiteradamente. La orden más importante en el ámbito iraní es la Ni'matullâhiyya, creada por el shâh Ni'matullâh Walî, fallecido en 1431 en Kirmân. Ésta ha desempeñado un papel relevante en la compenetración del sur de la India con las ideas chiítas y sufíes. En Irán la orden se vio nuevamente fortalecida a comienzos del siglo XIX, haciendo aportes esenciales a la vida espiritual; pero después de la revolución de 1979 fue perseguida, y algunas de sus ramificaciones ahora actúan con éxito en Europa y los Estados

Unidos. Los estudios de Richard Gramlich sobre las órdenes chiítas de Irán son una fuente inagotable de información sobre las tradiciones Ni'matullâhí, Khâksâr y de la Dhahabiyya.

Cerca del año 1000, un incipiente movimiento sufí en Persia ya había extendido sus actividades hasta el mar de la China. Se trataba de la Kâzarûniyya, que entre otras cosas erigió hospicios para los comerciantes musulmanes, denotando una orientación preponderantemente práctica. Más tarde, la Qâdiriyya y la Naqshbandiyya pasaron a ser las órdenes más importantes. Éstas tienen partidarios en China, pero su literatura recién ahora se está comenzando a difundir lentamente.

Resulta comprensible que a través del comercio marítimo el sufismo también se extendiera a Indonesia; algo semejante ocurrió con una parte de las órdenes en África. En especial el Norte de África es rico en tradiciones sufíes. En este contexto hay que mencionar el concepto de *marabut*, una deformación del término árabe *murâbiṭ*, "el que vive en una fortificación fronteriza"; luego el término fue aplicado por los franceses a los dirigentes de una *zâwiya*, un convento derviche, adquiriendo difusión general. Algunas de las cofradías del Norte de África ya fueron mencionadas (ver página 93), pero como dato curioso cabe agregar la orden mendicante de los Haddâwa, que se remonta al gran Ibn Mashîsh (fallecido en 1144); los miembros tienen una extraña simbiosis con los gatos: los novicios son *quêṭêṭ*, "gatitos". Como parte de los rituales, los gatos son enterrados y, en determinadas circunstancias, también comidos...

Sudán también se jacta de tener grandes movimientos sufíes. Los días viernes resulta una vivencia asombrosa observar las reuniones de *dhikr* de diferentes *ṭarîqas* en Omdurmán. También aquí el sufismo tiene un efecto político: no hay que olvidar que el movimiento del Mahdî ha surgido en el siglo XVIII de la hermandad Sammâniyya. Según la creencia popular, el Mahdî ("el bien guiado"), de la familia del profeta, aparecerá al final de los tiempos, «para llenar el mundo de justicia, así como ahora está lleno de injusticia». El Mahdî sudanés apareció al aproximarse el año 1300/1881; pues a comienzos de cada siglo aparece, según la creencia, un "renovador del islam". La sublevación del Mahdî contra la ocupación egipcio-británica del Sudán puede ser considerada una de las primeras guerras de independencia nacionales y religiosas –comparable en cierto modo con la acción de la *ṭarîqa muḥammadiyya* en la India Británica o la Sanûsiyya, pues el sustrato estaba maduro para tales movimientos, muchos de los cuales aparecen como primeras reacciones frente al incipiente colonialismo y la amenaza de una penetración cultural. Alrededor de 1800 surge la Sanûsiyya que, partiendo del sur de Argelia, siguió su camino atravesando numerosos países africanos, prestándole una atención exclusiva a la iniciación en su *ṭarîqa*; como en muchas otras hermandades, también en la de los Sanûsíes una visión del profeta Muḥammad se ubica en el comienzo de la actuación pública del fundador, la cual se dirigió con creciente intensidad contra italianos y franceses. De 1840 a 1969 la Sanûsiyya fue el movimiento preponderante en Libia, hasta que al-Qadhdhâfî asumió el poder.

También la Tijâniyya se convirtió en un influyente poder sufí tanto en la región central de África como también en África Occidental. En esta última región por cierto ya desplegaba su actividad la Qâdiriyya; la figura de Usmân dan Fodio (fallecido en 1817) y la fundación del califato de Sokoto fortalecieron su poderío, por lo menos por cierto tiempo. En épocas más recientes, el movimiento de los murîdûn en África Occidental, inspirado por Aḥmadú Bamba (fallecido en 1927), ha despertado el interés de los observadores debido a su ética del trabajo. Forma parte de las tareas de los murîdûn la participación activa en el cultivo de la tierra y el trabajo por el bien común.

De todas maneras el estudio de las organizaciones sufíes hace tiempo que integra el campo de investigación de sociólogos y politólogos. Esto se explica en parte por la situación del siglo XIX, cuando los países colonialistas estudiaban a estos grupos para determinar su potencial político y social.

Aún hoy se siguen publicando numerosos estudios sobre las órdenes, en los cuales se presta especial atención a las formas externas, mensurables: ¿cuántos peregrinos llegan a la celebración anual en Golra Sharîf cerca de Islamabad?, ¿cómo se coordina el transporte, dónde se alojan los peregrinos y cómo se les abastece?, ¿qué papel político desempeña el shaikh o pîr? También se hacen más frecuentes los estudios sobre rituales y formas de vida en diferentes centros sufíes, como el Punjab o el Sudán. La organización de las órdenes, las cuales tan sólo en Egipto están registradas en una asociación central, también es tema de investigaciones, pues el sistema de cofradías es fascinante y revela facetas siempre cambiantes. Al respecto G. Veinstein escribe, con un ligero suspiro, que se pueden enumerar prácticamente todos los opuestos en la descripción de una orden, sin lograr jamás aprehender plenamente este fenómeno proteico.

6. SUFISMO POPULAR

Los primeros "sufíes" que fueron avistados por viajeros occidentales en los siglos XVII y XVIII eran seres extraños, con escasa vestimenta, algunos cubiertos con pieles de animales; a veces llevaban aretes de hierro en las orejas o pesadas ajorcas en los tobillos; usaban extraños tocados, en ocasiones llevaban un cuerno colgando, con cuyo estridente sonido anunciaban su llegada; atado al cinto solían tener un cuenco de mendigo, y también acostumbraban sostener un bastón hendido en su parte superior, sobre el cual se apoyaban al sentarse. Pueden haber tenido estigmas en sus brazos, como señal de su entrega; su cabellera por lo general era larga, a veces trenzada; otros grupos se afeitaban el pelo e incluso las cejas (así lo hacían los *qalandar*). Ésas eran las figuras con las que solían toparse los visitantes europeos y que fueron descritas por John P. Brown en su libro *The Dervishes* (1868). Ellos recorrían Irán y la India, Turquía y el Norte de África. Para el visitante, el *faqîr* (en persa: *darwîsh*), el "pobre", se convierte en faquir, con nuestra connotación negativa. Los derviches eran personajes locos, automarginados de la sociedad, no interesados en las reglas de la religión, adictos al opio o el hachís. Y para los primeros observadores ellos eran los verdaderos representantes –o los únicos exponentes conocidos– del sufismo. Muchas de esas extrañas figuras iban acompañadas por animales; ¿acaso los mendigos marroquíes de la orden de los Haddâwa no tenían incluso gatos sagrados?

Ya en el medioevo existían determinados grupos derviches que por su comportamiento poco ortodoxo no sólo escandalizaron a la sociedad religiosa establecida, sino que también tenían una actitud de rechazo frente a las órdenes sufíes regulares. Tales grupos han sobrevivido hasta hoy en el mundo islámico; una visita al mausoleo de Lâl Shahbâz Qalandar en Sehwan, en el valle inferior del Indo, brinda una fascinante impresión de la vida de esos grupos aparentemente libres de todos los tabúes, que son considerados con aversión por los musulmanes creyentes. Aun así constituyen un aspecto importante del sufismo, que no hace mucho también fue elocuentemente documentado en fotografías y filmaciones.

Hace un milenio ya existían devotos que, aunque no en forma tan extrema como los derviches danzantes, por lo menos externamente casi no se preocupaban por la tradición. Eran los *malâmatíes*, aquellos que querían ser "censurados"; personas que no se vanagloriaban de sus logros religiosos, porque sospechaban que detrás de ellos había hipocresía; por un exceso de sinceridad buscaban, en cambio, atraer sobre sí el reproche de sus congéneres, simulando desatender sus obligaciones, pero cumpliendo tanto más sus oraciones y ayunos a escondidas. También se conoce ese tipo de manifestaciones en los comienzos del cristianismo. Igualmente son parte de este grupo los *qalandar*, una palabra que podía referirse a un derviche no ortodoxo, pero que tenía diferentes aspectos: para Rûmî, por ejemplo, el *qalandar* es alguien que ha alcanzado el nivel más elevado del amor y la libertad.

Parece haber poco en común entre los grandes maestros de la mística teosófica y las almas simples que en los montes de Anatolia, en los valles del subcontinente indio o las planicies del Norte de África o del Sudán pregonaban su amor en cánticos. Mucho se ha dicho acerca de que el islam –y se trata del islam influenciado por el sufismo– de las personas simples, de las tribus en Afganistán o Pakistán, de los nómadas de África, de los pescadores de Bengala, no se compone más que de los rudimentos del auténtico islam: un conocimiento mínimo del Corán, en la medida en que es necesario para cumplir con las oraciones (siempre y cuando se realicen las plegarias rituales), así como una inmensa veneración del profeta y de los amigos de Dios, que en la leyenda popular son elevados a un nivel tan alto, que al musulmán normal le resulta prácticamente herético. Leyendas de todo tipo contaminan la religiosidad ortodoxa. A veces simplemente reina la vaga, pero bienhechora sensación de unidad de todo lo existente.

Por otro lado los cantores populares extáticos del mundo islámico son precisamente los responsables de algunos de los más bellos testimonios líricos de la mística del amor. Al respecto cabe hacer una acotación referida a un importante aspecto secundario de la religiosidad mística: los maestros sufíes que se trasladaban a las zonas rurales de su país sabían que la gente sencilla tenía un dominio muy exiguo del árabe e ignoraba totalmente el persa, la lengua literaria y administrativa en el subcontinente indio. Por ello se veían obligados a utilizar las lenguas populares para acercar sus ideas a la gente. De este modo el desarrollo de las lenguas regionales se debe en gran medida a estos predicadores que cantaban sencillas cancioncitas de tono popular, expresando los misterios del amor y el apego a Dios en metáforas que también pudiera comprender la modesta ama de casa, el pescador o un humilde jornalero. Resulta interesante observar una evolución semejante en el hinduismo, donde el sánscrito sagrado de los brahmanes fue reemplazado, en la mística *bhakti*, la mística del amor de tono personal, por lenguas locales como el purabí o el rajastaní. También en Europa fueron los predicadores místicos como el Maestro Eckhart o, más aún, Mechthild de

Magdeburgo, quienes usaron la lengua alemana en lugar del latín eclesiástico para una parte de sus prédicas, oraciones y poemas; en especial cuando se dirigían a las mujeres. Algo semejante ocurrió con el italiano en la tradición franciscana, y también en Flandes e Inglaterra.

Los poetas sufíes populares pueden haber sido personas muy cultas, pero ellos sostenían (¡y más aún lo sostenían sus oyentes!), que eran *ummíes*, "analfabetos", para imitar el ejemplo del profeta, que no sabía leer ni escribir y sólo era inspirado por el saber de Dios, *'ilm ladunî* (sura 18, 65). Y los sufíes siempre volvían a recalcar que la erudición de libros es innecesaria, incluso peligrosa –aun cuando los eruditos escribieran todos los libros sabiondos que quisieran–, «el sentido de los cuatro libros sagrados (Torá, Salmos, Evangelio y Corán) radica en un *alif*», la primera letra del alfabeto, que a la vez implica la unidad y unicidad de Dios (es la letra inicial de Allâh) y que Él es Uno (el valor numérico del *alif* es 1). En todos los idiomas islámicos tales comentarios son típicos de la literatura mística popular.

Hasta donde es posible constatarlo, los primeros versos de sabiduría sufí aparecieron en Asia Central con las *Ḥikam* de Aḥmad Yesevi. Se trata de versos en su lengua materna, el turco, escritos en el siglo XII, que aún requieren un análisis de estilo más exhaustivo. Mucho más importante para la tradición turca es Yûnus Emre (fallecido aproximadamente en 1321), que recorrió Anatolia a pie. En muchos de sus poemas utilizó estructuras de versos y estrofas de origen popular, en lugar de la métrica árabo-persa usual en la literatura; sus cánticos sencillos, que hablan del amor a Dios y la soledad, pero en ocasiones también transmiten el sentimiento de unicidad cósmica, aún se suelen cantar en Turquía:

Como el viento estoy pronto a soplar,
como el sendero estoy listo a arremolinar,

como el torrente estoy dispuesto a bramar,
mira lo que ha hecho de mí el amor...

Yûnus tuvo numerosos seguidores en su sencilla poesía, que a veces también podía degenerar en algo grotesco o paradójico; en sus poemas se encuentra el cuestionamiento a Dios que es típico de muchos sufíes exaltados (y enajenados) por el amor. En las epopeyas de 'Aṭṭâr se pone en boca de tontos una dura crítica a Dios, y en la poesía de Yûnus y sus sucesores aparecen observaciones críticas sobre el juicio final, el cual en realidad no es digno de la grandeza de Dios; ¿para qué necesita Él, el omnisciente, una balanza para pesar los pecados? ¡Ni que fuera un tendero! Aún hoy puede ocurrir –no sólo en poemas místicos aislados, sino en la práctica de los "santones de pueblo" de Anatolia– que un atrevido sufí «le enseñe los dientes a Dios», como dice 'Aṭṭâr, o sea que desde su íntima confianza con Él, Le hable sin escrúpulos.

Un poco más tarde que en Turquía comienza la poesía mística popular en el subcontinente indio, donde el dakhnî, la forma sureña del urdu, dio lugar en el siglo XVI y XVII a textos místicos en los cuales se utilizan las formas de la "canción de la rueca" y de la "canción de la muela". El hilar se convierte en símbolo para el *dhikr*, la remembranza de Dios, cuyo murmullo se asemeja al zumbido de la rueca; cuanto más larga se hila la hebra de algodón, tanto más fina resulta, así como el corazón se torna más sutil cuanto más practica el *dhikr* el devoto; entonces, al final del día, Dios puede comprarlo a un alto precio (ver sura 9, 111); en cambio, el alma perezosa que desatiende el *dhikr*, el hilar, el día del casamiento (el día de la muerte) no tendrá ajuar para mostrar y se encontrará desnudo y deshonrado. Tales metáforas eran capaces de expresar la importancia de la remembranza de Dios en palabras tan simples, que le resultaban claras a cualquiera. ¿Acaso la entidad divina no se parece también al algodón, que es uniformemente blanco y del cual surgen, en la creación, los objetos más diversos, telas e hilos y vestidos, que le esconden al ojo su unicidad inicial?

El mango de la muela, en cambio, con la que el ama de casa hindú muele diariamente la harina, se asemeja al recto *alif*, y así como la mujer sostiene el mango de la muela, también debe aferrar el nombre de Dios (representado precisamente por el *alif*) y no soltarlo.

Otros poetas místicos populares recurrían en sus versos a las antiguas leyendas populares de su comarca. Así como los poetas del mundo árabe usaban a las bellas heroínas de la poesía árabe antigua, como Salmà o Lubnà, a modo de encarnación de la belleza eterna, y como los poetas del ámbito cultural persa hablaban de Lailà y de Majnûn, alienado por amor a ella, como toda la tradición clásica menciona el ejemplo de Zulaikhâ, cuyo amor a Yûsuf, el símbolo de la belleza divina absoluta, utilizaban miles de veces en sus poemas y disertaciones en prosa, así también los desdichados amantes de las leyendas indo-pakistaníes son transformados en la poesía de los cantores populares de Sind y del Punjab en materializaciones del alma; una evolución que comienza en el siglo XVI. Allí está Sassî, la que en el "sueño de la desidia" ha perdido a su amado y ahora lo busca, transitando el arduo camino de rocas y desiertos hasta que, totalmente transmutada en amor, se une a él en la muerte; también está Sohnî, que se ahoga cuando nada al encuentro de su amado; en la tradición punjabí son los desgraciados amantes Hîr y Ranjhâ; sin embargo, quizás la más bella representación del alma sea la de la aldeana Marui, en Sind, que es raptada por el príncipe, pero se le resiste y sólo vive en nostalgia por su pueblo natal; ella se convierte en símbolo del alma que ansía volver a su lugar de origen y no se deja seducir por el mundo deslumbrante. Todos ellos y unos cuantos más, encarnan los diferentes aspectos de la búsqueda que, a través del sufrimiento infinito, conduce finalmente a la realización en la muerte. Esta poesía, en la que aparece el motivo central del sufismo –el camino hacia el amado, que sólo se puede transitar apelando a todo el valor que se tenga– transformado en metáforas y formas eternamente cambiantes ha permanecido vivo en el pueblo hasta hoy. Más aún: de esa primera lírica se ha desarrollado en el transcurso del tiempo una poesía no-mística y luego una prosa no-religiosa, tal como ha demostrado ya hace décadas el erudito urdu Maulvi 'Abd al-Ḥaqq. Así los sufíes han desempeñado un papel sumamente importante en el desarrollo de la literatura de su región correspondiente. Los ideales que ellos proclamaron en cierto modo siguen tiñendo a los seres humanos, enseñándoles amor a Dios y confianza en Dios.

7. EL SUFISMO EN LA ACTUALIDAD

El término "sufí", que aquí y ahora por lo general se interpreta y percibe como denominación honorífica, en el mundo islámico desde siempre ha sido considerado con escepticismo. Ya a mediados del siglo x, as-Sarrâj (fallecido en 988), cuyo *Kitâb al-luma' fî 't-taṣawwuf* es una de las más importantes fuentes de información sobre los comienzos del sufismo, se quejaba de que todos escriben libros sobre temas sufíes y «¡la gente del sufismo ya no está; el sufismo se ha convertido en farsa!». Un siglo más tarde, Hujwîrî constata que el sufismo en ese momento era un nombre, pero no una realidad, mientras que en el pasado había sido una realidad que no tenía nombre; pues «el nombre no existía, pero la verdadera esencia de ello estaba en todos». Eso significa que, para Hujwîrî y sus contemporáneos, el musulmán ideal de los primeros tiempos era la encarnación de todas aquellas virtudes cuyo portador más adelante se denominaría con un nombre especial, como "sufí". En otro lado Hujwîrî también se queja de que en su época ha «desaparecido el verdadero conocimiento acerca del sufismo». «Todos ahora se dedican a satisfacer sus apetencias y le han dado la espalda al sendero de la complacencia [divina], mientras que los teólogos y aquellos que afirman ser eruditos han moldeado una interpretación del sufismo que es totalmente opuesta a los principios originarios.» Eso significa, como él sostiene en otro lugar, que se disfrutaba de las danzas sufíes y se cultivaba el "amor por los imberbes".

De ese modo, ya en los primeros siglos de la historia islámica se encuentran aversiones frente a la palabra "sufí" y el concepto *taṣawwuf*, "sufismo". La poesía persa –como por ejemplo la de Ḥâfiẓ (fallecido en 1389)– gusta de llamar "sufí" al simulador o al asceta desalmado. A los que transitaban seriamente el sendero del misticismo se prefería denominarles *'âshiq*, "amante", o *'ârif*, "sapiente". El concepto de *'irfân*, "gnosis", que al saber intelectual opuso la sabiduría dada por Dios, en Irán por lo general se convierte en denominación de aquello que normalmente se suele llamar *taṣawwuf*. Al rol central del *'irfân* aún hoy se le sigue dando gran relevancia en Irán y entre los eruditos y "sapientes" iraníes.

Las costumbres y afirmaciones de los sufíes medievales, frecuentemente opuestas a las estrictas reglas de la ortodoxia, fueron denunciadas en numerosas oportunidades. El título *Talbîs Iblîs*, "El disfraz del diablo", de Ibn al-Jauzî, contiene la dura crítica de un severo predicador ḥanbalí no sólo a los sufíes, sino a todo lo que le parecía "anti-islámico" en su tiempo. Para ser justo, sin embargo, hay que decir que toda una serie de actividades consideradas dignas de crítica por él provienen de rumores tales como suelen circular en medio de los efluvios de la hagiografía.

Incluso entre las distintas hermandades había concepciones bien diferentes acerca de lo que era el camino recto: en su largo poema épico *Silsilat adh-dhahab* (La cadena de oro), Jâmî describe una escena deliciosa en la cual un grupo sufí se entrega a la danza extática y luego se abalanza con gran apetito sobre la comida, no del todo acorde a la ley religiosa, y cada uno se llena la panza poniendo cara de santurrón. (Dicho sea de paso no es la única vez en que se le reprocha a los hambrientos sufíes su tendencia a la buena comida, ante todo a los dulces; la historia de Rûmî en el *Mathnawî*, tomo II, línea 514ss., acerca de los sufíes que vendieron el burro del huésped, para poder comprar dulces para una fiesta, es muy divertida). Jâmî compara a esas personas, que hacia fuera se comportan como sufíes devotos, con torta de almendras rellena con ajo:

> En su enojo un repostero una vez rellenó
> las tortitas de almendra con ajo.
> El molde externo de la torta exclama: «Oh,
> ¿qué tengo yo que ver con el olor a ajo?»
> Pero con su olor y su sabor el relleno declara:
> «Ved, ¡éste es el verdadero interior de la torta!»

Pues sufismo no es *taqlîd*, imitación externa de ciertas costumbres y repeticiones de términos "esotéricos", sino *taḥqîq*, la "realización", el contacto con la realidad esencial.

A ese sufí dedicado a cosas superficiales, ávido de éxito exterior y disfrute, Jâmî en su epopeya le contrapone los naqshbandíes, los cuales, a la par de toda la dedicación a las actividades cotidianas, siempre tienen su corazón con Dios, tal como lo exige la regla de la orden.

Justamente la "austera" Naqshbandiyya con frecuencia se ha manifestado críticamente sobre las demás órdenes y muchos de los maestros y sufíes que pretenden serlo. Los grandes maestros del siglo XVIII en Delhi, como Mîr Dard y shâh Walîyullâh, no dudaban en denominar a muchos de sus contemporáneos como *karâmât-furûshân*, "comerciantes en milagros"; en efecto era y es considerablemente más fácil convencer a la gente por medio de milagros auténticos o fingidos y ganar fama y adeptos de ese modo, que transitar en silencio el arduo sendero místico. «Nosotros somos pîrs; sabemos cómo se engaña a la gente», me dijo una vez un pîr pakistaní, con sarcasmo y autocrítica.

Eso nos conduce al punto siguiente de la crítica interna del islam, que lleva siglos: un aspecto del sufismo que el modernista indo-musulmán Muḥammad Iqbâl llama "pîrismo". Con ello se refiere al poder absoluto que ejercen algunos líderes de cofradías sobre sus pobres y a veces ignorantes seguidores.

Desde tiempos remotos el huésped en un convento sufí es convidado con té, frutas y otras cosas, e invitado a participar de la comida compartida y pernoctar en algún lugar del edificio; como despedida, a la mañana él dejará una *nadhrâna*, una donación de dinero, pues la función del pîr implica enormes exigencias financieras: debe mantener a los huéspedes y hacer todos los preparativos para los festejos anuales, y eso significa alimentos para miles y miles de personas. Además de las donaciones de los fieles, algunos de los monasterios eran sustentados por el soberano correspondiente. Los archivos hindúes, por ejemplo, guardan innumerables documentos en los cuales se asignan a algún santuario campos libres de impuestos u otras fuentes de ingresos. De ese modo, ciertos pîrs se convirtieron, con el correr de los siglos, en grandes terratenientes y capitalistas. Eso rige especialmente para el subcontinente indio. En la India secularizada desde la independencia, en la mayoría de los casos la administración de los *auqâf*, o sea el ministerio de asuntos religiosos y en especial de donaciones devotas, ha asumido la administración; por ello hay *khânqâhs* que tienen graves problemas financieros y han entrando en una lenta decadencia.

Es casi imposible imaginar la enorme influencia que tienen los pîrs sobre la población; para los pobres y miserables discípulos de algún maestro en Sind o Punjab, y seguramente también en otros sitios, es un honor llevarle el último pollo, la moneda de plata trabajosamente ahorrada, para poder a cambio recibir una sola vez la bendición de su mirada, quizás incluso ser digno de unas palabras o de poder tocar sumisamente sus pies.

Esa dependencia de la población, o por lo menos de una parte considerable de la misma, le otorga a los pîrs un gran poder político, que se manifiesta en el comportamiento de la gente, por ejemplo en caso de elecciones parlamentarias, influyendo sobre las constelaciones políticas. Por más importante que sea el papel del auténtico líder espiritual en el sufismo como director de almas, en el transcurso de los siglos, el poder externo de los maestros se fue haciendo cada vez mayor. Cuando en muchas *ṭarîqas* el cargo del *sajjâdanîshîn* se hizo hereditario, frecuentemente se heredaba el poder y el patrimonio, pero no el verdadero espíritu. No fue infrecuente entonces que los maestros, como eslabón superior de la jerarquía de santos, se vanagloriaran de estar "más allá del bien y del mal", para luego hacer cosas que en manera alguna se correspondían con la ley.

Pero también aquí naturalmente se debe ver lo positivo y lo negativo: existen líderes de cofradías que utilizan su poder y su patrimonio para mejorar el sistema educativo, por ejemplo creando, en el extenso terreno del convento, escuelas o lugares de capacitación para hombres y mujeres jóvenes; otros brindan un importante aporte a la economía nacional mediante empresas agrícolas o industriales.

Las diferentes órdenes y hermandades por lo general no están oficialmente vinculadas entre sí. Sólo en Egipto existe una sede central para las *ṭarîqas* sufíes, en la cual están organizadas más de sesenta hermandades, con lo cual adquieren cierto status legal. En la mayoría de los países islámicos falta, empero, una instancia superior de esa naturaleza. En algunas regiones –sobre todo en Arabia Saudita– las órdenes no están admitidas y el tema "sufismo" es tabú. En Turquía, donde Atatürk prohibió las *ṭarîqas* en 1925, han desempeñado un extraño papel en los últimos años: se sabe de sus actividades, y algunas (como los mevlevíes o jarrâḥíes) también atraen a interesados del extranjero, aunque no estén admitidas "oficialmente".

No hay que olvidar que una serie de movimientos modernos, que hoy se denominan "fundamentalistas", provienen del ambiente sufí, pues los pîrs o shuyûkh tenían experiencia en la organización de grandes masas de gente y su dedicación a una meta religiosa; la estructura jerárquica estaba prescrita, y con ello los líderes podían ganar con cierta facilidad a aquellos seguidores que daban importancia a los ideales del islam, sin asumir las ideas y prácticas controvertidas, como el culto a los santos. No sólo el Mahdî de Sudán (fallecido en 1885), que combatió contra británicos y egipcios, provenía de una orden sufí, la Sammâniyya, sino también Ḥasan al-Bannâ' –el fundador de los *ikhwân al-muslimûn*, los "hermanos musulmanes" tan activos en Egipto y los países vecinos– había trasladado mucho de su origen sufí a su organización. También se encuentran tradiciones sufíes en la obra de Maudûdî, el creador de la *Jamâ'at-i Islâmî* en Pakistán. Iqbâl, quien ha criticado fuertemente al pîrismo en el islam, así como al alfaquismo, la predominancia espiritual de teólogos y juristas obtusos, en su obra poética más temprana en lengua persa, los *Asrâr-i khûdî* (Secretos del sí-mismo, 1915), también condujo un feroz ataque contra Platón e implícitamente contra la mística neoplatónica. Tampoco quedó exento de crítica el poeta favorito de los persas, Ḥâfiẓ: por cierto, ambos ataques fueron suprimidos en ediciones posteriores de la obra. A Iqbâl, quien había estudiado en Inglaterra y Alemania, la mística neoplatónica le parecía peligrosa, paralizante; según él le impide al ser humano desplegar su personalidad y participar de la vida activa, creativa. Y su crítica de la encantadora poesía de Ḥâfiẓ tiene los mismos motivos: «más peligrosa que las hordas de Atila y Gengis Kan» le parecía esa poesía, cuyos versos le cantan a las rosas, los ruiseñores y el vino, arrullando al lector en dulces sueños, en lugar de fortalecerlo para la lucha por la vida. Pero en el fondo Iqbâl estaba estrechamente vinculado al sufismo voluntarista inicial. El modo como utiliza la figura del místico y mártir al-Ḥallâj, para mostrar sus propios ideales –despertar a los seres humanos de su "sueño de la apatía"– demuestra cuán familiar le era la fuerza vital de los primeros sufíes. Como comentario al margen cabe agregar que desprendió la obra de Jalâl ad-Dîn ar-Rûmî de los comentarios que hace siglos fueron redactados por los representantes de la escuela de Ibn 'Arabî, volviendo de ese modo a colocar en el centro su amor creativo.

En las últimas décadas se han desarrollado en Occidente los más diversos movimientos influenciados por el sufismo o nacidos de él.

Un grupo importante son los representantes de la *philosophia perennis*, aquella antiquísima tradición que rechaza la vida moderna secularizada. En este contexto hay que mencionar en primer lugar a René Guénon. El representante más destacado de esta escuela fue Frithjof Schuon, fallecido a edad avanzada en la primavera de 1998; su obra denota la fuerte influencia de Ibn 'Arabî. Sus numerosos libros han despertado, en una serie de intelectuales, el interés por el sufismo "teosófico" y han sido traducidos a muchos idiomas. También las obras de Seyyed Hossein Nasr se insertan en esta tradición y le ofrecen al interesado una atractiva visión del pensamiento de un profesor universitario moderno capacitado en ciencias naturales y profundamente arraigado en la tradición *'irfân* persa. En sus libros, Titus Burckhardt ha logrado atrapar la esencia del arte islámico, la belleza espiritual de una ciudad como Fez. En forma similar Martin Lings, que durante mucho tiempo fue el responsable de los manuscritos orientales en el Museo Británico, en cierta manera transparentó la más islámica de todas las artes, la caligrafía. Su obra sobre el shaikh al-'Alawî, *Un santo sufí del siglo* XX, describe una figura que, por su ejemplar religiosidad, ha actuado sobre un gran número de europeos y estadounidenses; el shaikh, que vivió en Argelia, donde murió en 1934, encarnaba virtuosamente los ideales de la Shâdhiliyya.

Otra aproximación moderna al sufismo se canaliza a través de la psicología; el doctor Javâd Nûrbakhsh, líder de la orden Ni'matullâhî, difundida en muchos países occidentales, era profesor de psiquiatría en la Universidad de Teherán, antes de abandonar Irán después de la revolución. Sus numerosos libros brindan una buena introducción al sufismo. Otros líderes sufíes también tienen una capacitación en psicología moderna –de todos modos, en tiempos antiguos los maestros sufíes eran sanadores que sabían cómo se podían curar las enfermedades del alma y las dolencias corporales resultantes de ellas.

En el otro extremo del espectro se encuentran las obras de Idries Shah, quien es el responsable de que la palabra "sufismo" ahora sea un poco más conocida en Occidente. En el transcurso de las últimas décadas ha surgido una literatura bastante voluminosa que relata encuentros con sufíes, vivencias en el sendero místico, conversiones y experiencias de retiros de cuarenta días. Muchas veces son de gran interés psicológico, aunque a la vez algo desconcertantes e incluso apologéticas. Sin embargo, siempre hay que tener presente que existe una diferencia entre haber "probado" realmente una experiencia e intentar transmitirla por un lado, y analizar científicamente la misma experiencia por el otro.

El sufismo también desempeña un papel especial en la literatura moderna. Un gran número de cuentos en todos los idiomas del ámbito islámico toma como tema el sufismo, por lo general en su forma más baja: como veneración de la dudosa figura de un santo, derivando de allí alguna crítica social. Eso es válido para cuentos en lengua árabe, persa, turca, urdu y sindhi, cuyas temáticas muchas veces son aleatorias. Sufíes en diversas caracterizaciones aparecen en la obra de Najîb Maḥfûẓ, y las novelas turcas han incluido el tema en más de una oportunidad: la novela crítica bektashí *Nûr Bâbâ*, de Yakub Kadri, ya fue mencionada (ver página 95); las novelas y los cuentos de Samiha Ayverdi, la líder de una rama de la Rifâ'iyya en Estambul (fallecida en 1993), están impregnados de ideales sufíes, que naturalmente se hermanan con la nostalgia por los valores culturales del Imperio Otomano; pero también Orhan Pamuk, el más reciente novelista exitoso de Turquía, entreteje en sus novelas referencias a personajes sufíes, a la sabiduría sufí y en particular a los sueños.

Para los poetas de los últimos decenios el recurrir a temas y personalidades sufíes era un buen camino para mostrar sus ideas religiosas y simultáneamente su rechazo al "anquilosado islam legalista"; piénsese por ejemplo en la *Tragedia de al-Ḥallâj*, del egipcio Ṣalâḥ 'Abd aṣ-Ṣabûr (fallecido en 1984) y en las cuantiosas referencias justamente a ese "mártir del amor a Dios" en la poesía de todos los países islámicos, en la cual él aparece hace siglos como amante que, a causa de su amor, es ajusticiado por los alfaquíes fieles a la ley, pero que en las últimas décadas se convierte en ejemplo de los héroes revolucionarios que luchan contra el *establishment*. La misma actitud también subyace en obras de teatro o poemas en los que se glorifica a otros mártires sufíes en turco, árabe o urdu.

Así como en las últimas décadas han logrado imponerse en Europa y Norteamérica los gurúes hindúes, también se difunden los maestros sufíes y las más diversas órdenes.

No sólo se trata de las hermandades tradicionales, sino también de grupos que se congregan en torno a personajes más o menos carismáticos. Un caso particularmente interesante fue el de Bawa Muhayaddin, un sabio de Sri Lanka que daba sus sermones en tamil y por su irradiación atrajo a numerosas personas en Filadelfia y otras zonas de los Estados Unidos, a pesar de que, según se dice, no representaba una orden institucionalizada.

En Alemania los naqshbandíes son muy numerosos, pero también hay mevlevíes, qâdiríes y burhâmíes así como jarrâḥíes y uwaisíes; algunos de ellos tienen centros propios, ya sea en la zona de Eifel o de Lüneburger Heide, en Trebbus en la marca de Brandeburgo, en Austria y otros sitios. Allí se realizan cursos introductorios al *dhikr* o a otros temas y también se ofrecen retiros prolongados. La escuela para musicoterapia oriental antigua en Baja Austria últimamente goza de muy buena reputación.

Pues la música oriental ha sido muy divulgada en los últimos años. Gracias a los medios de comunicación modernos, así como a la mayor movilidad de las personas, ya no son algo raro los conciertos de grupos sufíes en Europa y los Estados Unidos. La *qawwâlî* indo-pakistaní (en realidad la música devocional tocada y cantada junto a las sepulturas de santos, preferentemente al anochecer del jueves, la víspera del sagrado viernes) entusiasma a muchos, especialmente también a los jóvenes. Más de un cantante –como el recientemente fallecido Nuṣrat Fateḥ 'Alî Khân– se han convertido en verdaderas estrellas. Novedosas fusiones entre la música sufí, por lo general de carácter muy rítmico, y música occidental moderna siguen apareciendo permanentemente. Y el *sema'* de los mevlevíes siempre continúa encontrando espectadores apasionados, ya sea en Boston, Zürich o en Ávila, aun cuando la persona formada en la tradición sufí reconoce las sutiles diferencias con el *sema'* clásico, en el cual jamás hubiesen participado mujeres, como ocurre actualmente en los grupos mevlevíes estadounidenses.

Los medios de comunicación facilitan la difusión de los más diversos aspectos del sufismo; imponentes fotografías de actividades sufíes o retratos de importantes maestros, películas artísticas que reflejan la vida en alguna parte del mundo islámico y presentaciones en Internet brindan acceso a cualquier persona a ese sufismo tan misterioso en el pasado. Uno se pregunta sorprendido qué pasa con la obligación de mantener en secreto el misterio último. ¿Acaso el *ifshâ' as-sirr*, el revelar el secreto, no era considerado por los místicos como un grave pecado? Y aun cuando el secreto último sea inexpresable, ¿quién garantiza que las informaciones difundidas por los medios no puedan ser interpretadas negativamente o resultar peligrosas para una persona? El gran maestro hindú Shâh Walîyullâh escribió a mediados del siglo XVIII: «Los libros y tratados de los sufíes quizás sean para los elegidos una alquimia con efecto prodigioso, pero para las personas comunes son veneno letal».

Por otro lado un sufí moderno puede encontrar maravillosas las posibilidades técnicas modernas: en 1998 un joven sufí pakistaní me manifestó radiante cuán fabuloso es que en el pasado el maestro debía invertir su fuerza espiritual para establecer el contacto espiritual con su discípulo a través de enormes distancias, y que ahora la comunicación es tan sencilla gracias al teléfono móvil, los videocasetes y el correo electrónico...

Los grupos sufíes publican numerosas revistas; algunas muy sencillas, otras lujosas con esmeradas fotografías en color, dan cuenta de las actividades en círculos sufíes, exposiciones de arte sufí, invitaciones a congresos internacionales acerca de Maulânâ Rûmî o Ibn 'Arabî y muchos otros eventos, de manera que resulta casi imposible desentrañar esta nueva autoexposición de los sufíes modernos. Según conceptos de Carl Ernst, ciertas tendencias incluso van «hacia el sufismo sin islam». Otros grupos, en cambio, como por ejemplo los naqshbandíes residentes en Alemania, acentúan su carácter islámico a través de su vestimenta, llamando la atención con eso. Es difícil predecir cómo van a evolucionar esas tendencias.

No sabemos cómo hacían los sufíes del medioevo para atraer a los creyentes, pero observamos con atención las variadas formas y colores del "sufismo" en nuestros días y en especial en nuestras latitudes. De tanto en tanto uno recuerda el verso árabe con el cual al-Qushairî (fallecido en 1074) ya comentaba las transformaciones del sufismo en su época:

> *Las tiendas de campaña efectivamente son las propias;*
> *¡pero las mujeres no son las de su linaje!*

EPÍLOGO

Quṭub Mian estaba sentado en el balconcito algo precario de su vivienda en el patio del santuario de Shâh Khâmûsh, "el silencioso"; en medio del turbulento y bullicioso tránsito del centro de la ciudad de Hyderabad, en el Decán, éste efectivamente constituía un oasis de tranquilidad.

Quṭub Mian vestía la larga túnica color canela de los sufíes chishtíes, que en la declinante luz del crepúsculo resplandecía con un tono dorado cobrizo. Su rostro irradiaba desde el interior, mientras nos introducía en los secretos del *iḥsân*, el tercer aspecto del verdadero islam. ¿Acaso el profeta Muḥammad no se había enterado por el ángel Gabriel de que existen tres peldaños de la fe, mencionados en el Corán? *Islâm*: ésa es la aceptación externa de la religión, que se refleja en las obras de obediencia, aun cuando la aquiescencia interior no haya sido alcanzada todavía; *îmân*, la fe –fe en Dios, Sus libros, Su enviado, el Día del Juicio y la Predestinación; y finalmente *iḥsân*.

«La palabra proviene de la raíz árabe *ḥasan*, "bello", y significa – dijo – hacerlo todo de la mejor y más bella manera posible, pues, aunque no veas a Dios, Él igual está presente en todo momento y sabe y ve todo lo que piensas y haces. ¡Por ello debes hacerlo todo del modo más hermoso posible!» Así nos instruía en largas y melodiosas frases en urdu, pareciendo él mismo una personificación de ese último grado que caracteriza, según algunos, al verdadero sufí.

Yo me había encontrado con Quṭub Mian unos pocos días antes en la Jâmi'a Niẓâmiyya, la última escuela superior tradicional de teología en Hyderabad, en la cual los estudiantes son formados según el mismo temario de hace siglos. Dicha escuela posee una excelente biblioteca. Los cerca de 400 estudiantes, enjutos y con grandes ojos, que hablaban un árabe hermoso, pero muy anticuado, seguramente habían sido llevados sólo por su fe a realizar aquel estudio en una escuela superior islámica, ya que no tenían demasiadas perspectivas de conseguir un puesto en la India secularizada, salvo como predicadores o imanes. Quṭub Mian, un alto funcionario de Hacienda, ya jubilado, era el presidente de la madrasa, en la cual reinaban los antiguos ideales chishtíes de absoluta confianza en Dios y en la cual él percibía un sueldo mensual de una rupia. Algunos días más tarde volví a ver a Quṭub Mian en un concierto hogareño de música sufí, que él escuchaba junto con otro sufí. Las largas y amplias mangas de su mantón se movían al ritmo de la música, como alas, y su rostro mostraba aquella expresión extasiada que a veces se observa en las imágenes medievales de los santos. Aquí él vivía su *îmân*, su profunda fe en Dios y Su sabiduría y su confianza en que Él es alabado y adorado por todos los seres, sea como fuere.

En aquel atardecer en el mausoleo del "maestro silencioso", de quien Quṭub Mian era el sucesor, lo vivenciamos como hombre que no sólo nos acercaba verbalmente el *iḥsân*, la interiorización de toda búsqueda, sino que lo irradiaba a través de todo su ser.

Eso era, creo yo, la quintaesencia de aquello que a lo largo de los siglos había sido postulado por los sufíes y, mejor aún, practicado por ellos. 'Abdallâh-i Anṣârî de Herat describió a los sufíes hace más de nueve siglos como personas «que jamás están atrapadas en las redes de la envidia, cuyas togas de la devoción nunca son maculadas por el polvo de los apetitos sensuales, cuyos ojos nunca son empañados por el humo del egoísmo. Son reyes en el sendero de la pobreza, seres angelicales en una figura humana, que transitan su camino con dignidad…».

Cada uno de mis amigos sufíes entre San Francisco y Kuala Lumpur, en Turquía y Sudán, en el subcontinente indo-pakistaní y en Uzbekistán, en El Cairo y en Irán, personifica un aspecto diferente del sufismo. No me atrevo a encontrar una fórmula que los abarque a todos ellos. ¿Es, como dice el Dr. Javâd Nûrbakhsh, líder del orden Niʻmatullâhî, "el camino para aprender humanidad?" O quizás deberíamos buscar la respuesta, como tantas otras veces, en las palabras de Jalâl ad-Dîn ar-Rûmî:

> «¿Qué es sufismo?». Y dijo: «Encontrar alegría
> en el corazón, cuando llega el momento de la aflicción».

REFERENCIAS BIBLIOGRÁFICAS

Casi todos los libros mencionados contienen a su vez una extensa bibliografía, de manera que el lector que lo desee puede seguir ahondando en el tema.

ADDAS, CLAUDE. *Quest for the Red Sulphur*. Cambridge, 1993. Biografía de Ibn 'Arabî. [Versión en castellano: *Ibn Arabí o la búsqueda del azufre rojo*. Múrcia: Editora Regional, 1996.]

ANDRAE, TOR. *In the Garden of Myrtles*. Albany NY: SUNY, 1987. Estudios acerca de los comienzos del sufismo.

CHITTICK, WILLIAM C. *The Sufi Path of Knowledge*. Albany NY: SUNY, 1989. Introducción básica al pensamiento de Ibn 'Arabî. Todos los trabajos de Chittick son excelentes introducciones a Ibn 'Arabî y las corrientes influenciadas por él.

CORBIN, HENRY. *Die smaragdene Vision* (original: *L'homme de lumière dans le Soufisme iranien*), Colonia (Alemania) 1989. [Versión en castellano: *El hombre de luz en el sufismo iranio*. Madrid: Siruela, 2000.] Todas sus obras abordan el sufismo y la filosofía sufí específicamente iraníes.

ERNST, CARL. *The Shambhala Guide of Sufism*. Boston 1997. [Versión en castellano: *Sufismo*. Barcelona: Oniro, 1999.]

GRAMLICH, RICHARD. *Die schiitischen Derwischorden Persiens*. 3 tomos, Wiesbaden 1965-1981. R. Gramlich ha traducido una serie de textos sufíes clásicos, como *Kitâb al-luma'* (Candilejas sobre el sufismo) de as-Sarrâj, *'Awârif al-ma'ârif* (Regalos de gracia de la gnosis) de Suhrawardî, *Tratado de los peldaños del amor a Dios* (del *Iḥyâ' 'ulûm ad-dîn* de al-Ghazzâlî) y muchos otros textos fundamentales.

HUJWÎRÎ, 'ALÎ IBN 'UTHMÂN AL-JULLÂBÎ. *Kashf al-maḥjûb. The oldest Persian Treatise on Sufism*, trad. Reynold A. Nicholson. Londres-Leiden 1911 y otras.

MASSIGNON, LOUIS. *La Passion d'al-Hosayn ibn Manssour al-Hallaj, martyre mystique de l'Islam*. 2 tomos. Paris 1922. Esta edición es más accesible que la nueva edición en cuatro tomos aparecida en 1967, que también está disponible en traducción inglesa de Herbert Mason, Princeton NJ (1982). [Versión en castellano: *La pasión de Hallaj*. Barcelona: Paidós Ibérica, 2000.] Todas las obras de Massignon giran en torno a la obra e influencia del "mártir del amor".

MEIER, FRITZ. *Vom Wesen der islamischen Mystik*, Basilea 1943. Todas las obras del erudito suizo acerca del sufismo son recomendables, como sus estudios sobre Najm ad-Dîn Kubrà, sobre Abû Sa'îd-i Abû 'l-Khair, sobre Bahâ'-i Walad así como sus monografías, recopiladas en *Bausteine*, 3 tomos, Wiesbaden 1992.

NURBAKHSH, DR. JAVAD. líder de la orden Ni'matullâhî, ha publicado en los últimos años una gran cantidad de introducciones a aspectos del sufismo, especialmente de Persia. La mayoría de los trabajos están disponibles en inglés, algunos también en alemán.

NWYIA, PAUL. *Exégèse coranique et langage mystique*. Beirut 1970. Los estudios de Nwyia se ocupan ante todo de los comienzos de la tradición sufí árabe.

POPOVIC, ALEXANDRE, y GILLES VEINSTEIN. *Les Voies d'Allâh*. París 1996. Una buena sinopsis de las órdenes sufíes y sus caminos y metas. [Versión en castellano: *Las sendas de Allah: Las cofradías musulmanas desde sus orígenes hasta la actualidad*. Barcelona: Bellaterra, 1997.]

RITTER, HELLMUT. *Das Meer der Seele. Gott, Welt und Mensch bei Farîd ad-Dîn 'Attar*. Leiden 1954, 1972². La mejor introducción a la obra de 'Aṭṭâr y la poesía mística persa. Las numerosas monografías de Ritter sobre el sufismo y los manuscritos son ineludibles.

SCHIMMEL, ANNEMARIE. *Mystische Dimensionen des Islam*. Colonia 1985 y otras. [Versión castellana: *Las dimensiones místicas del Islam*. Madrid: Trotta, 2002.]

—. *Ich bin Wind und du bist Feuer* (vida y obra de Jalâl ad-Dîn ar-Rûmî). Colonia 1978 y otras.

—. *Gärten der Erkenntnis. Das Buch der vierzig Sufi-Meister*. Colonia 1983 y otras.

—. *Bedrängnisse sind Teppiche voller Gnaden* (traducción de las *Ḥikam* de Ibn 'Aṭâ' Allâh). Friburgo 1987, así como numerosas obras sobre el misticismo y traducciones de literatura sufí árabe, persa e indo-musulmana como 'Aṭṭâr, *Vogelgespräche* (1999), y Rûmî, Yûnus Emre, Mîr Dard y otros.

Referencias bibliográficas

Entre los autores más antiguos se pueden recomendar ante todo las obras de R. A. Nicholson. También A. J. Arberry ha traducido una serie de obras importantes. La tradición mística turca ha sido tratada en reiteradas ocasiones por H. J. Kissling, y la indo-musulmana por Paul Jackson, Bruce Lawrence y Carl Ernst. Entre los especialistas alemanes cabe mencionar a Gerhard Böwering y Bernd Radtke; en cuanto a la tradición de Ibn 'Arabî hay que citar, además de W. Chittick, a Michel Chodkiewicz y James Morris.

LISTADO DE LOS PASAJES DEL CORÁN CITADOS

GLOSARIO

Abdâl: cuarenta santos en la jerarquía de los amigos de Dios.

'Abduhu: "Su Servidor (de Dios)", rango más alto que puede alcanzar el ser humano, ya que en el Corán el profeta fue tratado de ese modo al aludir a su experiencia más elevada (sura 17, 1; sura 53, 10).

Abrâr: siete santos en la jerarquía de los amigos de Dios.

Akhyâr (ajiâr): 300 santos en la jerarquía de los amigos de Dios.

Ahl aṣ-ṣuffa: "La gente del vestíbulo", devotos pobres que vivían en el vestíbulo de la casa de Muḥammad en Medina.

Aḥmad: "loado", nombre de Muḥammad.

'Âlam al-ghaib: el mundo de lo oculto*; –al-mithâl,* el mundo de lo imaginal entre el mundo invisible y el visible; *–ash-shahâda (aš-šahâda),* el mundo visible.

Alif: primera letra del alfabeto árabe, valor numérico 1; raya vertical, por ello también símbolo para el amado delgado.

Allâh: "Dios", el nombre esencial, omnímodo de Dios.

Amr: orden divina.

Ana Aḥmad bilâ mîm: "Yo soy Aḥmad sin la *m*", supuesta palabra de Dios extracoránica: si se quita la *m* (valor numérico 40) de *aḥmad*, queda *aḥad*, "Uno".

Ana 'l-ḥaqq: «Yo soy la Verdad Absoluta = Dios», frase de al-Ḥallâj, que fue un motivo para su ajusticiamiento.

Arba'ûn: la clausura de cuarenta días, en persa *chilla.*

'Ârif: gnóstico, sabio, sufí.

'Âshiq ('âšiq): amante, sufí.

Auliyâ' (plural de *walî*): "amigo", especialmente "amigo de Dios".

Auqâf (plural de *waqf*): donaciones devotas, que estaban exentas de impuestos.

Autâd (plural de *watad*, estaca): cuatro santos en la jerarquía de los amigos de Dios.
Âyât, señal (de Dios): versículos del Corán.
Barzakh (barzaj): mundo intermedio; limbo donde confluyen los opuestos.
Basṭ: expansión, sensación de alegría omnímoda.
Bhakti: mística del amor en el hinduismo más tardío.
Burda: el manto yemenita rayado del profeta, que le echó encima a Ka'b ibn Zuhair como señal de su perdón; el poeta egipcio al-Bûṣîrî, enfermo, soñó que el profeta echaba su *burda* sobre él, y despertó curado. Por ello su poema de agradecimiento es llamado *qaṣîdat al-burda*.
Dard: dolor, necesario para lograr la perfección.
Dargâh: la corte de un príncipe, convento sufí.
Derviche: "el pobre", muchas veces sufí errante, o sufí en general.
Dhikr: remembranza de Dios, repitiendo miles de veces un nombre de Dios o una fórmula religiosa, por lo general con respiración controlada.
Durûd: expresiones de bendición sobre el Profeta.
Fanâ': aniquilamiento; fanâ' fî 'Llâh –en Dios; *fanâ' fî 'r-rasûl* –en el Profeta, escala superior en el sufismo más tardío.
Faqîr: el pobre, derviche.
Faqr: pobreza, estado del ser humano frente a la riqueza plena de Dios; *faqrî fakhrî (fajrî)* «Mi pobreza es mi orgullo», frase atribuida al Profeta.
Futûḥ: dádivas voluntarias.
Ghafla: negligencia; grave pecado para el sufí.
H: última letra esencial del nombre *Allâh*.
Ḥadîth: frase del profeta Muḥammad, informe sobre su manera de actuar; *ḥadîth qudsî*, palabra de Dios extracoránica.
Hâhût: escala más elevada dentro del Dios insondable.
Ḥâl (plural *aḥwâl*): "estado" del sufí, transitorio.
Hama ûst (pers.): "Todo es Él", expresión de la convicción de que no existe verdaderamente nada más que Dios.
Ḥaqîqa muḥammadiyya: la "realidad muḥammadiana", lo primero que Dios creó.
Ḥizb: letanía; *ḥizb al-baḥr*, "letanía del mar", fórmula de protección para viajes marítimos.
Ḥurûfî: corriente en Irán y Turquía, que le da a las letras un papel central y usa fórmulas e imágenes cabalísticas.
Huwiyya: ipseidad divina.
Hû: "Él".
Ifshâ' as-sirr (ifšâ'): revelar el misterio, hablar abiertamente del secreto de la unificación amorosa con Dios; un grave pecado para los sufíes.
Iḥsân: hacerlo todo de la mejor manera y lo más bellamente posible.

Imâm: conductor de la oración colectiva, líder de la comunidad.
Îmân: fe en lo revelado.
Insân kâmil: ser humano perfecto; el profeta Muḥammad.
'Irfân: saber no intelectual; en Irán: sufismo.
Îshân (îšân): "ellos", "aquéllos", denominación honorífica para maestros sufíes en Asia Central.
Islâm: entrega a la voluntad de Dios.
Jabarût (ŷabarût): mundo del poder de Dios, donde están localizados los arcángeles.
Khalq (jalq): creación.
Khalwat dar anjuman (jalvat dar anŷoman): "soledad en la multitud"; mandamiento de remembrar a Dios incluso mientras se realiza cualquier otra actividad; ideal típico de la Naqshbandiyya.
Khânqâh (jânqâh): gran convento sufí.
Khirqa (jirqa): el vestido de los sufíes, hecho con remiendos.
Karâmât: milagro de benevolencia, mostrado por los amigos de Dios, mientras que *mu'jiza* (mu'ŷiza*)* es milagro de testimonio reservado al profeta. *–karâmât furûshân*, "vendedor de milagros".
Kathrat al-'ilm: "multiplicidad del saber", manifestada en la diversidad del mundo creado.
Lâ ilâha illâ Allâh: «No existe ninguna Divinidad más que Dios (Allâh)», primera mitad de la profesión de fe.
Lâhût: divinidad.
Laulâka: «Si tú no existieras (Yo no habría creado el universo)», manifestación de Dios al Profeta, en virtud de quien todo ha sido creado.
Makhdûm (majdûm): "a quien se le sirve"; título honorífico para líderes sufíes en la India-Pakistán.
Mahdî: "el bien guiado", quien aparecerá, según la creencia popular, al final de los tiempos, proveniente de la familia del Profeta. Por su lucha con el adversario llenará el mundo de justicia, antes de que comience el Juicio Final.
Malakût: mundo de los espíritus y ángeles.
Malâmatî: alguien que quiere atraer censura sobre sí, para de ese modo mantener pura su fe practicada en secreto.
Malfûẓât: expresión de los maestros sufíes, historias sobre su trato con las personas, nacidas en la India en el siglo XIV.
Maqâm: lugar donde se asienta por tiempo prolongado el sufí, en contraposición con el fugaz *ḥâl*; también: sitio conmemorativo.
Marabut, de *murâbiṭ:* "habitante de una fortificación fronteriza", en el Norte de África, de allí maestro sufí.
Mard: "hombre", hombre de Dios, si bien *mard* también se aplica a la mujer que transita los caminos de Dios.

Mathnawî: poema en versos pareados; típico para poemas didácticos y epopeyas románticas en los idiomas no árabes. El *Mathnawî*: el poema didáctico persa de Rûmî.

Maulid: cumpleaños, fiesta conmemorativa para amigos de Dios (en el ámbito árabe).

Mi'râj (mi'râŷ): "escalera", viaje del Profeta al cielo, ejemplo para el viaje espiritual de los sufíes.

Mulk: el reino de los seres materiales.

Munâjât (monâŷât): diálogo íntimo, rezo personal.

Murîd: "el que desea algo" (o sea: emprender el sendero); discípulo.

Murshid (muršid): guía en el sendero místico.

Nadhrâna: donativo, por lo general como agradecimiento por hospitalidad o ayuda espiritual en el convento sufí.

Nafas ar-raḥmân: el "aliento del misericordioso", que Muḥammad habría percibido soplando del Yemen, al oír hablar del devoto Uwais al-Qaranî; también: aliento creativo de Dios.

Nafs, alma: *–ammâra (bi-s-sû'),* "instigando al mal" (sura 12, 53), *–lawwâma,* "censurante" (sura 75, 2), *muṭma'inna,* "en la paz" (sura 89, 27-28). A partir de estas tres expresiones del Corán desarrollan su psicología los sufíes.

Nuqabâ' (plural de *naqîb*): tres santos en la jerarquía de los amigos de Dios.

Pîr: maestro de una orden; pîrismo: actitud de las masas que confían ciegamente en el maestro.

Qabḍ: "compresión", "noche oscura del alma".

Qalandar: derviche giróvago, que se afeita la cabeza y el rostro.

Qawwâlî: música sufí, surgida junto a las sepulturas de los santos, ahora cultivada en amplias zonas de la India y Pakistán.

Qayyûm: el santo superior que gobierna el mundo.

Quṭb: "polo, eje"; rango más encumbrado de los amigos de Dios.

Razzâq, ar-: "alimentador", uno de los 99 nombres más hermosos de Dios.

Ribât: fortificación fronteriza; en el islam occidental, centro sufí.

Riḍâ: "complacencia", satisfacción.

Sajjâda (saŷŷâda): alfombra de oración, asiento del Pîr; *sajjâdanîshîn (saŷŷâdanîšîn),* "el que está sentado sobre la alfombra de oración", sucesor de un maestro.

Ṣafâ': pureza.

Ṣalawât-i sharîfa (šarîf): versículos de bendición sobre el Profeta.

Samâ', sema' (turco): "oír", eventos musicales de los sufíes, círculo místico.

Shab-i 'arûs (šab-e 'arus): "noche de bodas", día de conmemoración de la muerte de un amigo de Dios.
Shajara (šaŷara): "árbol", genealogía espiritual de un sufí.
Shaṭḥ (šaṭḥ): expresión teopática; paradojas expresadas en éxtasis.
Shaikh (šaij): maestro; plural: shuyûkh (šuyûj).
Shi'r (ši'r): poema.
Sîmurgh: ave milagrosa, símbolo de lo divino; vive en el fin del mundo.
Subḥânî: "Alabado sea yo - ¡qué grande es mi majestad!" Exclamación de Bâyazîd Bisṭâmî; típico *shaṭḥ*.
Ṣûf: "lana".
Tabarrukan: "en virtud de la bendición".
Ṭâhâ: nombre de la sura 20, también nombre de Muḥammad.
Taḥqîq: realización, experiencia auténtica.
Ṭâ'ifa: grupo sufí organizado.
Taqlîd: imitación de una opinión o actitud.
Ṭarîqa: "camino", el sendero sufí, hermandad.
Ṭarîqa muḥammadiyya: el sendero de Muḥammad, varios movimientos sufíes que se concentran totalmente en la imitación del Profeta y que en los siglos XVIII y XIX frecuentemente lucharon contra el colonialismo.
Tawakkul: "confianza en Dios".
Tekke (turco): convento derviche.
Chilla (čelle): clausura de cuarenta días, *arba'ûn; –ma'kûsa* colgarse de los pies para realizar así el retiro.
Ummî: "incapaz de leer y escribir", como se describe al Profeta en la sura 7, 157-158 (aunque no está clara la traducción exacta de la palabra); por ello también hubo poetas sufíes a quienes les gustaba autodenominarse *ummî*, ya que su inspiración no dependía de libros eruditos.
Vedânta: el fundamento místico del hinduismo.
Waḥdat al-wujûd (wuŷûd): unidad del ser, unidad absoluta de Dios, opuesta a la diversidad de lo creado, *kathrat al-'ilm*. Muchas veces traducido como panteísmo o monismo del ser.
Walî, amigo: "el que está bajo la protección de otro": plural *auliyâ',* amigo de Dios, "santo".
Wara': "escrupulosidad meticulosa".
Wujûd (wuŷûd): "ser, existencia", en realidad: "encontrar, ser encontrado".
Yâsîn: sura 36, apelativo del Profeta.
Zâwiya: ermita, pequeño centro sufí.

ÍNDICE ONOMÁSTICO

Los nombres propios más destacados con lugar de fallecimiento